BRÛLE TA CRAVATE ET DANSE

LEEN ZEVENBERGEN

Traduit du néerlandais
par Dominique Jonkers

Révolutionnez votre carrière, réinventez votre job

esf
EDITEUR

Jouer

Se lancer

Pétiller !

Inspirer

ET MAINTENANT ?

C’est décidé, je brûle ma cravate.

Quand on s’apprête à coucher sur le papier le fruit de ses réflexions, il faut se libérer l’esprit. Envoyer promener sa cravate et s’installer confortablement, les pieds sur le bureau, les yeux dans le vague. Très vite, l’image lisse de l’homme d’affaires disparaît sous le chaume d’une barbe naissante.
Ça vient, ça y est, on se sent déjà beaucoup plus créatif.

J’aimerais commencer par une question fondamentale. Les gens sont-ils heureux au boulot ? Sont-ils heureux dans leur boulot ? Des études ont montré que très peu de gens s’intéressent aux objectifs de l’organisation pour laquelle ils travaillent. Bien souvent, même, ils s’en fichent complètement.

Comment se fait-il que tant de gens ne commencent à (re)vivre qu’après leur journée de travail ? Et se découvrent alors une créativité qu’ils mettent en œuvre au profit de leur chorale, de l’association de parents ou de la société colombophile locale ?

Notre époque apprécie-t-elle à sa juste valeur la créativité au travail ? Ou au contraire, la créativité est-elle vécue comme une source de problèmes, voire de dangers ? Considère-t-on l’innovation comme un facteur essentiel de survie des entreprises ? Ou bien comme un mal nécessaire ?

Alors que je m’entretenais avec quelques dirigeants de grandes entreprises, j’ai récemment entendu parler d’un concept totalement nouveau pour moi : celui de « projet cache-misère ». Un projet cache-misère est un projet qu’une entreprise lance, à contrecœur, parce que son management veut afficher qu’il se préoccupe de telle ou telle problématique de société.

Les entreprises lancent ainsi d’innombrables projets censés favoriser l’innovation, la participation, la créativité et l’inspiration mais marqués, dans le fond, d’un manque total de sincérité. Des projets sans racines, sans vécu, lancés de mauvaise grâce, absolument pas soutenus par les plus hautes instances de l’entreprise. Comment diable un leader pourrait-il être source d’inspiration pour son entourage s’il accepte et laisse passer cela ? Une organisation ou un marché détecte de manière infaillible si un message est sincère ou pas, s'il vient du cœur, en toute authenticité. Et s'il n'est pas jugé authentique, il est immédiatement rejeté.

Les contrôleurs ont pris le pouvoir

Nous vivons une époque où le contrôle et la réglementation sont considérés comme indispensables. Le coût des dispositions réglementaires telles que le code de gouvernement d'entreprise des sociétés cotées ou la législation américaine Sarbanes-Oxley se chiffre en centaines de millions. Les cabinets d'expertise comptable ne savent plus comment dépenser les fortunes que leur vaut la surabondance des contrôles. Il y a peu, une grande banque néerlandaise annonçait fièrement qu'un collaborateur sur dix y était chargé de contrôler les autres. Ah, bravo !

Dans les grandes organisations, c'est par dizaines de milliers que les collaborateurs suivent des formations à l'éthique. Bien à contrecœur d'ailleurs. Quant aux membres de conseils d'administration, ils vivent chaque jour un peu plus dans la crainte de l'échec et des procès. L'angoisse règne en maître. C'est la mort de l'innovation et de l'entrepreneuriat.

Ce n'est pas pour rien que certains entrepreneurs se hâtent de retirer leurs entreprises de la Bourse. La poltronnerie ambiante, l'horizon limité à un trimestre et la profusion de textes réglementaires suintant la méfiance rongent la force entrepreneuriale et créatrice des entreprises au point que l'on en revient à privilégier le long terme et donc l'intérêt bien compris de l'organisation.

Est-ce à dire que le code de gouvernement d'entreprise annonce la fin de l'entrepreneuriat en France ? Certainement pas ! La transparence est une nécessité. Mais les excès et l'omniprésence des contrôles marquent à ce point les grandes entreprises et les groupes cotés en Bourse que le terreau nécessaire à l'entrepreneuriat et à la créativité s'épuise.

Méfiez-vous des menteurs

Après tout, en matière de leadership, transparence et authenticité sont des notions très proches. Par nature, un leader authentique est transparent. S'il ne l'est pas, ses collaborateurs sauront vite qu'ils ont affaire à un comédien, à un menteur, à un imposteur qui en est arrivé à se convaincre de sa propre importance, à se vautrer dans sa puissance. À confondre la réalité et la comédie dans laquelle il joue. C'est l'exemple typique du leader qui a perdu son authenticité, et qui se croit au-dessus de tout contrôle. C'est là l'un des problèmes qu'a rencontré Enron ou encore le groupe Vivendi à l'ère Jean-Marie Messier. Adieu l'authenticité, adieu la transparence. Faute de contrôle, c'est la porte ouverte à des agissements inacceptables.

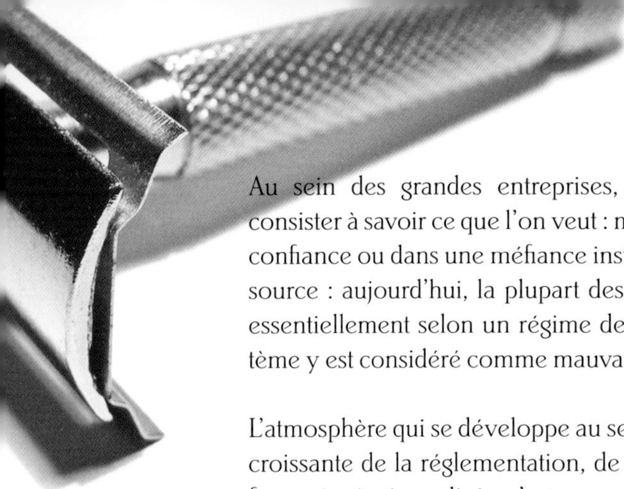

Au sein des grandes entreprises, la préoccupation centrale devrait consister à savoir ce que l'on veut : maîtriser ou verrouiller ? Travailler en confiance ou dans une méfiance institutionnalisée ? La réponse coule de source : aujourd'hui, la plupart des grandes organisations fonctionnent essentiellement selon un régime de méfiance institutionnalisée. Le système y est considéré comme mauvais jusqu'à preuve du contraire.

L'atmosphère qui se développe au sein des organisations sous la pression croissante de la réglementation, de l'angoisse, du contrôle et de la méfiance institutionnalisée n'est pas propice à la créativité, à l'innovation, à l'entrepreneuriat et à l'inspiration. Bien au contraire, face à ce type de culture d'entreprise, les grandes organisations dépérissent, noyées dans des certitudes fallacieuses, présentées comme bienvenues. Mais par qui ? Pas par les collaborateurs, ni par les clients, dont les besoins sont autres.

D'où provient cette méfiance ?

Les organisations, comme les personnes qui y travaillent, puisent leur énergie dans tout ce qui les inspire. Que ce soit la personnalité de leurs dirigeants ou l'intérêt des tâches qui leur sont confiées. Ou encore un environnement de travail stimulant, des clients enthousiastes ou des échos favorables dans la presse. Mais il est bien rare que des collaborateurs se sentent inspirés par l'angoisse de leurs managers, la multiplication des règles de contrôle ou la méfiance ambiante. La confiance, en revanche, est source d'inspiration. Si une entreprise pose comme principe la méfiance à l'égard de ses collaborateurs mais prétend simultanément encourager l'innovation et la créativité, elle n'obtiendra que des haussements d'épaules. Parce que son message, faute d'être sincère, est sujet à caution.

Les expressions « entrepreneuriat créatif » et « inspiration pétillante » sont séduisantes parce qu'elles sont positives, et évoquent quelque chose d'agréable.

Pensez au mot « pétiller ». Puis comparez ce que vous ressentez à ce que vous évoque l'effort démesuré que nécessite la mise en application de règles de contrôle. Vous sentez la différence ? L'écart est criant ! Plus vous observerez attentivement ce qui se passe dans les entreprises aujourd'hui, plus vous prendrez conscience que c'est ce pétillement qu'on assassine. Les entreprises pétillantes, capables d'inspirer leurs collaborateurs et leurs clients sont relativement peu nombreuses, en tout cas lorsque l'on considère pleinement le sens des mots « inspirer » et « pétiller ». Car bien sûr, des entreprises agréables, il en existe.

Je me suis souvent demandé comment sont établis les classements du « meilleur employeur ». Bien souvent, il ne me viendrait pas à l'esprit de mettre les pieds dans les entreprises candidates à ce classement. Pour établir ces listes, pose-t-on les bonnes questions ?

Méfiez-vous des imitations

Les dirigeants des grandes entreprises ne voient-ils donc pas l'intérêt de l'entrepreneuriat créatif et de l'inspiration pétillante ? Certains, les véritables leaders, en ont conscience, bien sûr. En revanche, les autres, les ersatz de leaders, gonflés de leur propre arrogance, ont depuis longtemps perdu leur entreprise de vue. Inutile d'attendre d'eux qu'ils comprennent la véritable importance de la créativité pour le long terme.

D'un autre côté, je suis intimement persuadé qu'un petit coin de ciel bleu apparaît, parfois, dans les brumes de la réglementation et du contrôle. Un coin de ciel bleu, tout petit, fragile, mais porteur d'espoir. Bien évidemment, les termes « créativité » et « inspiration » ne sont pas réservés aux managers, ils doivent imprégner chacun, à tous les niveaux de l'entreprise. Et au quotidien, les leaders doivent soutenir activement toutes les initiatives visant à rendre l'entreprise plus créative et plus entreprenante. À défaut, ces initiatives sont vouées à l'échec.

Comme nous l'avons vu plus haut, prétendre stimuler l'entrepreneuriat, l'innovation et la créativité par des projets cache-misère est une tromperie qu'on ne tardera pas à relever dans l'entreprise. Car au premier résultat trimestriel un peu décevant, ces projets hypocrites passeront immédiatement à la trappe.

Faire vivre l'entrepreneuriat créatif et l'inspiration pétillante dans une entreprise nécessite un véritable engagement de ses dirigeants. C'est seulement à cette condition, un engagement sincère, que tous les niveaux de l'entreprise bénéficieront d'une énergie incroyable, propre à déplacer les montagnes.

Passer de la morosité au fun

Il m'est arrivé un jour de m'adresser à une cinquantaine de managers ; je venais d'être nommé directeur général. Le président du directoire, après m'avoir présenté, me passa la parole pour un discours improvisé. Après quelques secondes de réflexion, j'ai décidé d'exprimer tout simplement mon ressenti. Or, ce que je ressentais, à ce moment-là, c'est la véritable morosité qui émanait de ces cinquante managers. Ils étaient sombres, ne riaient pas, semblaient avoir jeté l'eponge.

Suite à l' expression de ce sentiment, j'ai senti un véritable soupir de soulagement provenir du groupe. Je leur ai encore parlé pendant une demi-heure de plaisir et de fun au travail. Applaudissements. Manifestement, j'avais requinqué mon public. Je repris place à côté de mon président, qui me complimenta sur mon exposé, avant d'ajouter : « Mais ne leur parlez pas trop de fun, ce n'est pas bon pour la marge. »

Pas bon pour la marge ! ? Toute ma vie, j'ai pu constater que des collaborateurs heureux, motivés, créatifs et inspirés boostent la productivité et par là même la marge. Le mot « fun » évoquerait-il à ce point l'idée de festins et de sommes folles jetées par les fenêtres ? Serait-ce si mesquin ? Au contraire. Apporter de l'inspiration aux clients et aux collaborateurs crée une énergie que l'on peut utiliser tous azimuts.

Les concepts d'entrepreneuriat créatif et d'inspiration pétillante rendent figure humaine à l'entreprise et contrebalancent les effets de la méfiance institutionnalisée. Ils rétablissent un certain équilibre. Trop d'entreprises, soumises à un excès de réglementation, sont menacées de déséquilibre — quand elles n'ont pas, depuis longtemps, dépassé ce stade.

Le retour hésitant de l'entrepreneur

Petit à petit, on observe un frémissement, le retour encore timide de notions telles que créativité, entrepreneuriat, pétillement et inspiration. Dans de nombreuses grandes entreprises, les leaders ont pris conscience que les limites des mesures d'économie et de contrôle sont atteintes. Ils recherchent de nouvelles voies de croissance, de nouveaux marchés, et donc de la créativité. Mais faire revivre une énergie autrefois malvenue, ou alors à peine tolérée, est un exercice difficile. Et après des années de campagnes de réduction des coûts, les collaborateurs ont du mal à comprendre les appels à la créativité et à l'innovation — et à s'y fier.

Quelqu'un m'a dit un jour qu'améliorer la rentabilité d'une entreprise peut se faire de deux manières. La première consiste à réduire les coûts et la seconde, à augmenter le chiffre d'affaires (en maîtrisant les coûts, bien entendu). La première méthode est celle des managers ; la seconde, celle des entrepreneurs. Notez bien la différence : l'entrepreneur cherche la solution à l'extérieur, sur le marché, tandis que le manager la cherche à l'intérieur.

Nous touchons là un point essentiel. Insuffler à une entreprise un esprit d'entrepreneuriat créatif et d'inspiration pétillante n'est possible que par une interaction avec le monde extérieur. Avec le marché, avec les clients. Voyez sur Internet, l'offre de formations destinées aux entreprises s'étoffe de jour en jour – sur la manière d'améliorer l'entreprise, de l'intérieur vers le marché, mais rarement sur la manière de l'améliorer de l'extérieur vers l'intérieur.

Devenir créatif et entreprenant n'est possible qu'en adoptant le point de vue du marché, du client. En collaborant avec le client. Et ça, c'est difficile, ça fait peur. Enthousiasmer le client ou être inspiré par lui n'est possible qu'en ayant des contacts avec lui. Ça aussi, c'est difficile et ça fait peur. Mais c'est une approche gagnante.

Avec *Brûle ta cravate et danse !*, j'entends aider à transformer les entreprises pour les rendre davantage entreprenantes et créatives, inspirantes et pétillantes. J'ai conscience que l'ACTION joue un grand rôle dans ce processus. La valeur ajoutée d'un livre est donc nécessairement minime. Mais je suis également persuadé que relater l'expérience et exposer des méthodes éprouvées est de nature à puissamment stimuler cette ACTION.

L'action, condition nécessaire, n'est pas une condition suffisante. Avant d'agir, quelques obstacles fondamentaux doivent être surmontés. Il y a une décision à prendre. Quelqu'un doit se lever et reprendre les commandes des mains des maniaques du contrôle. Quand donc les véritables entrepreneurs vont-ils reprendre la barre ? Faites place aux penseurs originaux.

Pendant que j'écrivais ce livre, j'ai été frappé par une réflexion de la publicitaire américaine Marian Salzman, qui définit l'homme d'aujourd'hui par le terme « übersexuel ». Selon elle, l'homme renoue avec la virilité. Ce qui ne manque pas d'intérêt pour notre recherche de véritables leaders – qui peuvent bien sûr être aussi bien des hommes que des femmes. Selon Salzman, l'übersexuel est cultivé, c'est le père idéal pour les enfants, il n'a peur ni de parler football entre hommes, ni de parler sentiments avec des femmes. Dans cet ouvrage, c'est à ces hommes nouveaux que je fais référence, appelés à devenir les nouveaux leaders – capables d'arriver dans une société et de dire : « Brûle ta cravate et danse ! »

Jouer

12

Dépassez les carcans

Un de nos clients est un équipementier automobile. Les résultats de l'entreprise sont bons. Pourtant, le P-DG n'y va pas par quatre chemins : « Si nous poursuivons sur la voie de l'amélioration perpétuelle qui est la nôtre aujourd'hui, nous aurons cessé d'exister d'ici quelques années. » Imaginez le drame : plusieurs milliers de collaborateurs sur le carreau de par le monde ; une technologie unique, extrêmement sophistiquée, potentiellement perdue à jamais.

Que se passe-t-il ? Tout d'abord, il y a la récession qui frappe le secteur automobile. Les constructeurs exercent une pression croissante pour produire plus efficacement et à moindre coût. Des pans entiers de la production de pièces détachées ont été déplacés vers l'Europe orientale et l'Asie, où ce producteur n'a pas d'usine. Sur ces marchés émergents évoluent des concurrents puissants, capables d'offrir une qualité élevée à des prix très compétitifs. Deuxièmement, les constructeurs automobiles ont internalisé d'importantes portions de leur processus de production (« insourcing ») : ils fabriquent eux-mêmes des pièces et n'achètent que celles qui ne trouvent pas place dans leur propre planning de production, ou qui exigent des techniques particulières qu'ils ne maîtrisent pas. Le fournisseur se trouvait ainsi pris au piège de la banalisation de ses produits, pratiquement incapable de se distinguer de ses concurrents, et cédait peu à peu sous une pression de plus en plus intenable sur les prix.

Cette situation n'est pas née du jour au lendemain. Depuis 10 ans, le management n'a cessé d'améliorer la production, de se spécialiser et de maîtriser les coûts. De là est né un fabricant capable de livrer des produits de haute technologie, contraint d'assister aujourd'hui, impuissant, à l'avancée de ses concurrents asiatiques qui rattrapent graduellement leur retard. En outre, l'entreprise s'est spécialisée sur un marché : celui de l'industrie automobile. Par souci d'efficacité et de recentrage sur son cœur de métier, elle a renoncé il n'y a pas si longtemps à d'autres marchés et à d'autres clients, notamment dans le secteur de la construction.

Prise dans le carcan d'une stratégie rigide et monolithique, l'entreprise a créé elle-même les conditions de sa perte.

Trouver la faille dans le cercle vicieux

Le P-DG a parfaitement identifié le problème. Il sait qu'il est condamné à diversifier, à innover et à développer de nouveaux produits pour rendre son entreprise moins dépendante de ce marché unique. Mais comment ? Depuis des années, l'entreprise décourage systématiquement l'initiative, la créativité et les changements radicaux. Comment faire machine arrière ? Et de préférence très — mais alors, très — vite ?

Nous avons imaginé, avec lui, une approche destinée à produire des résultats très rapidement. En l'occurrence, nous nous sommes basés sur les qualités de ses collaborateurs. Bien sûr, l'entreprise avait longtemps découragé la créativité et l'innovation, mais pas jusqu'au point de les faire totalement disparaître. Il fallait donc trouver le moyen de raviver ces capacités et d'encourager les collaborateurs à les utiliser, pour assurer rien moins que la pérennité de leur propre entreprise.

Apprendre à anticiper

Dans ce type de situation, j'utilise régulièrement la méthode du scénario catastrophe que j'appelle l'« abominable concurrent ». J'y ai donc eu recours. Nous avons organisé un colloque réunissant l'ensemble du management de l'entreprise et de toutes ses filiales. Objectif : évoluer dans deux mondes :

1. Un premier monde dans lequel se présente une opportunité extraordinaire susceptible de garantir temporairement la survie de l'entreprise. Exemple : un important constructeur automobile se voit contraint de supprimer un modèle populaire et recherche un fournisseur pour livrer l'ensemble des pièces de rechange pour les à venir ;
2. Le second scénario évoque une situation où un petit groupe de techniciens s'est vu refuser à plusieurs reprises un projet innovant par la direction. Frustrés, en désespoir de cause, ceux-ci créent leur propre entreprise ou vendent la technologie à la concurrence.

Bien sûr, nous avons fourni aux managers un épais dossier sur le marché, la conjoncture économique, le secteur automobile, etc., de manière à bien cadrer la situation. Nous avons par exemple créé deux numéros spéciaux de la lettre interne d'information, datés de l'année 2011, où des articles de fond et des interviews donnaient vie au monde que nous avions imaginé. Nous avons demandé aux participants de rechercher, en groupe, des arguments pour étoffer concrètement les deux scénarios : comment une entreprise doit-elle s'y prendre pour saisir l'opportunité en or d'un contrat de pièces détachées pour quinze ans ? Et quels sont les projets innovants que ce petit groupe de managers frustrés aurait pu avoir ? Quelles sont les idées que vous avez vues passer à la trappe ?

Le démarrage de la réunion fut chaotique. Certains managers se sentaient obligés de demander l'autorisation de leurs responsables hiérarchiques avant d'oser émettre leurs idées. D'autres se demandaient s'il était vraiment logique qu'ils coopèrent à l'élaboration d'un scénario catastrophe à l'encontre de leur propre employeur (ils avaient du mal à comprendre que le résultat de l'exercice pouvait justement déterminer l'avenir de cet employeur). Ces réactions ne sont guère étonnantes, lorsque la créativité n'a été ni sollicitée ni appréciée pendant si longtemps. Pourtant, petit à petit, l'énergie s'est libérée. Les idées les plus innovantes sont venues de personnes qu'on n'avait pas l'habitude d'entendre. L'énergie s'est intensifiée d'heure en heure, comme si elle avait été emmagasinée et qu'elle était enfin libre de se décharger. Un des managers s'écria qu'il se sentait enfin prêt à reprendre sa destinée en main. La direction d'une des principales divisions du groupe se fixa pour objectif de générer dès l'année suivante 20 % de son chiffre d'affaires en produits nouveaux ou sur des marchés nouveaux.

Il y eut aussi des moments d'émotion : certains collaborateurs expliquaient qu'ils se faisaient déjà depuis longtemps du souci pour l'entreprise ; d'autres, qu'ils n'avaient encore jamais vu aborder la stratégie comme ce jour-là. L'entreprise avait trouvé une énergie qui lui permettait de créer son propre avenir. Bien loin de résulter d'analyses glaciales et de faits nus, cette énergie était née d'une alchimie : celle qui avait su combiner les indispensables ingrédients que sont la fantaisie (le scénario), l'imagination (les supports visuels et l'édition spéciale de magazine) et les contacts personnels.

QUELQU'UN
PARLE DE
CRÉATIVITÉ
CHOUETTE

Fabriquer quelque chose qui n'existe pas, est-ce cela, la créativité ? Ou est-ce le talent de fabriquer quelque chose ? Créer, c'est inventer, et la créativité est une faculté d'invention. Hors de portée pour les uns, d'une simplicité enfantine pour les autres. Pendant mes études, j'éprouvais une admiration sans borne pour un de mes amis, étudiant en mathématiques. Les mathématiques me sont toujours restées hermétiques alors que pour lui, c'était d'une extraordinaire limpidité. J'étais jaloux de ses facilités en maths et il avait du mal à comprendre pourquoi. En revanche, il était nul en langues. C'est là que j'ai compris toute la relativité de la notion de difficulté.

Michel-Ange a dit un jour que pour lui, sculpter n'était rien d'autre que libérer la statue de la gangue de marbre qui l'entourait. La statue préexistait, il n'avait plus qu'à lui rendre sa liberté. Les auteurs, eux aussi, ont souvent leur récit tout prêt dans leur tête. Ils n'ont plus qu'à le coucher sur papier. Faut-il en déduire qu'être créatif est facile pour certains d'entre nous ? Serait-il possible que nous ayons tous cette créativité en nous, mais que nous soyons, pour la plupart, incapables de l'exprimer ?

Inventer ce qui n'existe pas

Il y a quelques années, je dirigeais aux États-Unis une entreprise spécialisée dans la création d'images virtuelles pour le cinéma et la télévision. Cette technologie est si répandue aujourd'hui que l'on n'imagine plus réaliser un film sans y intégrer des effets spéciaux réalisés par ordinateur. Mais à l'époque, c'était assez spectaculaire, et même visionnaire. Le créateur de cette entreprise était un *penseur original*. Et ça, c'est très exceptionnel. C'est un don réservé à un très petit nombre. Être un penseur original, c'est être capable d'imaginer quelque chose qui n'a encore jamais été imaginé auparavant. À mes yeux, c'est de la créativité de niveau supérieur. D'ailleurs, imaginer quelque chose qui n'a encore jamais été imaginé, est-ce vraiment possible ? Nous n'en serons jamais vraiment sûrs… Après tout, on dit bien qu'une idée brillante peut être conçue simultanément en plusieurs endroits sur terre… Admettons toutefois, pour plus de commodité, qu'émettre une pensée originale est chose rare. Cela revient à extraire une idée du néant. Alors que la plupart des formes de créativité sont basées sur la fusion, la modification ténue, l'appréhension différente d'idées existantes.

Cela dépasse l'imagination ?

Ce penseur original avait chaque jour des idées plus surprenantes les unes que les autres. Toute la difficulté était d'y picorer des miettes utilisables. Plus ses idées étaient originales, plus elles étaient inédites, plus il était difficile d'y sélectionner les bonnes. Pourquoi ? Parce que, en général, on ne reconnaît pas une véritable idée originale. Elle est bien souvent trop absurde pour être comprise.

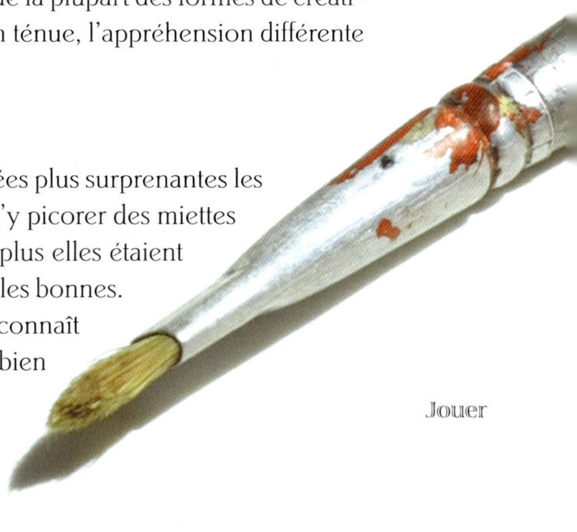

Lors de la Révolution française, les Révolutionnaires n'auraient jamais pu imaginer que pour se concerter avant d'attaquer la Bastille, le plus simple aurait été le téléphone portable. Mais voilà, le concept de téléphone n'existait pas, il n'était même pas imaginable. Imaginer quelque chose qui n'existe pas, pour lequel n'existe aucune demande (même si le besoin existe bel et bien !) et qui dépasse l'imagination, c'est aberrant.

Et pourtant, pour moi, il s'agit là de la forme la plus pure et la plus élevée de créativité. Mais parfaitement méconnue. À l'époque, créer pour le cinéma ou la télévision des images virtuelles qui ont l'air réelles (mais qui n'existent pas vraiment) n'avait guère d'utilité. Il n'y avait donc pas de marché. Aujourd'hui, on ne pourrait plus imaginer le marché audiovisuel sans images de synthèse. Découvrir un concept qui répond à un besoin en l'absence de toute demande est extrêmement difficile.

Rappelez-vous le premier programme de traitement de texte pour ordinateur individuel. Auparavant, le PC n'était guère qu'une calculatrice améliorée. Ce n'est qu'après l'invention du traitement de texte que le PC a connu une croissance explosive. C'est ce que l'on appelle une « application phare ». Après coup, tout le monde vous dira que le traitement de texte n'était en rien un programme révolutionnaire, qu'il ne s'agissait que d'une étape logique. Mais le premier qui y a pensé était un penseur original. À l'époque, IBM estimait que cinq superordinateurs suffiraient à combler les besoins mondiaux, il n'y avait aucune demande pour des centaines de millions de PC capables de faire communiquer des millions de gens. IBM se trompait magistralement. Le rêve de Bill Gates — qui n'était pas encore né à l'époque — était que chacun puisse disposer d'un PC. Il y avait sur le marché un énorme besoin de communication efficace entre les personnes. Mais à l'époque, on n'imaginait pas que le PC serait capable de satisfaire ce besoin. Bref, c'était une situation caractérisée par un besoin énorme sans aucune demande exprimée.

Créer la demande

Dans une grande entreprise à l'organisation hyperefficace, vous vous voyez frapper à la porte de votre patron et lui demander tranquillement l'autorisation de développer quelque chose dans un domaine où n'existe aucune demande ? Quand il vous regarde, stupéfait, vous ajoutez que le besoin existe bien, mais qu'effectivement, il n'y a pas de demande. Donc : pas de marché. Vous voulez inventer quelque chose qui n'existe pas encore. Que le marché ne peut donc pas encore connaître, ce qui explique l'absence totale de demande. C'est ainsi que 3M a inventé le Post-it. Le besoin existait (la preuve), mais il n'y avait aucune demande. On pourrait encore citer des milliers d'exemples de produits imaginés sans qu'aucune demande n'existe. Aucune demande, mais un besoin latent.

Ma première entreprise opérait dans le domaine de l'intelligence artificielle. Les premières années, c'est à peine s'il y avait de la demande. Faute de savoir ce qu'était l'IA, le marché n'en avait pas l'usage. Il a donc fallu déployer d'énormes efforts de marketing. Convaincre, convaincre et encore convaincre. Nous appelions cela du « marketing missionnaire » : arriver le premier – ou l'un des premiers – sur un marché et tenter de vendre. Et puis arrive le moment où l'on atteint la masse critique et un nombre de références suffisant. C'est à ce moment-là qu'apparaît la demande, si tant est que le besoin existe bien. Autant dire que le marketing missionnaire est beaucoup, beaucoup plus difficile à pratiquer que le marketing normal. Pour ma première entreprise, l'absence de marché – et donc l'absence de demande – fut le principal obstacle à la recherche de capitaux. Il est vrai que les banquiers s'intéressent généralement aux marchés existants dont le succès peut être prouvé noir sur blanc.
Un entrepreneur, en revanche, ressent l'existence d'un besoin… et crée la demande.
Tandis que le manager sent la demande… et y apporte une réponse.

Vous faites ça tous les jours

Chacun d'entre nous dispose de capacités de création. Malheureusement, dans les grandes entreprises, on y fait rarement appel. Dès lors, la plupart des gens n'osent pas les afficher. Je parle ici de la créativité au sens large : la capacité à associer des existants, à leur donner un autre usage, à les utiliser pour créer du neuf. Chacun d'entre nous fait cela tous les jours. Depuis l'enfance. Quand vous étiez enfant, vous pouviez dessiner, chanter, jouer du matin au soir. Et vous adoriez cela. Malheureusement, au fil des années, ce comportement créatif a été canalisé et conditionné.

Fais ce que dit le patron. Sois à l'heure au travail. Prends ce bureau-ci. Ne rentre pas chez toi avant telle heure. Ne fais pas ça, un autre le fait déjà. On ne t'a pas demandé de penser. La plupart de ces diktats, nous les trouvons normaux dès lors que nous travaillons dans une grande entreprise. Tout nouveau dirigeant qui prend ses fonctions dans une entreprise bénéficie d'une « lune de miel », souvent appelée « trêve des 100 premiers jours ». Pourquoi ? Parce que pendant ce laps de temps, les codes en vigueur dans l'entreprise n'ont pas encore « contaminé » son esprit et qu'il est donc encore en mesure de lancer des idées véritablement neuves. Passé ce délai, chacun se laisse plus ou moins contaminer par les règles de l'ordre établi. Faire preuve de créativité devient de plus en plus difficile, surtout si les encouragements font défaut. Parce que la créativité engendre le chaos, coûte de l'argent, ne répond pas à une demande. Rendez-vous compte des limitations que nous nous imposons en bridant notre créativité. Des milliers d'occasions d'augmentation du chiffre d'affaires (et donc des bénéfices) restent inexplorées. Simplement parce que nous avons peur de laisser libre cours à notre créativité.

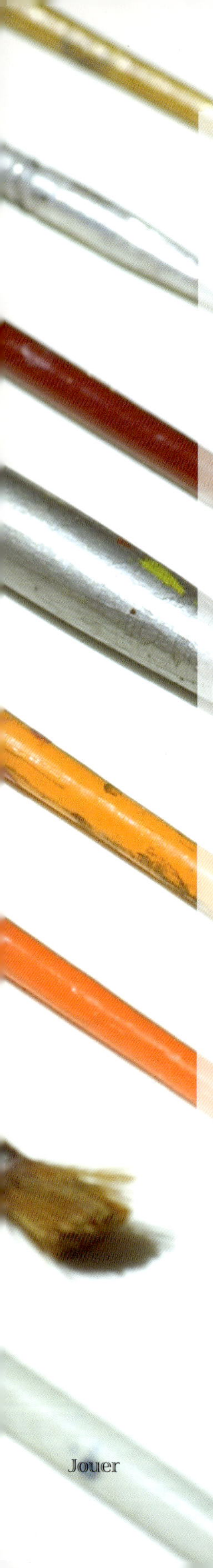

Ouvrez donc la fenêtre

Si les entreprises fonctionnent ainsi, c'est essentiellement parce que se laisser entraîner par sa créativité fait peur. Cette peur se dissimule sous les prétextes les plus divers (« La créativité coûte cher et ne rapporte rien »). Alors que pourtant, si ces mêmes entreprises existent, c'est bien parce que quelqu'un, un jour, a eu une idée créative et en a fait une affaire qui marche. Lorsque les frères Philips ont imaginé leur lampe à incandescence, le besoin était bien là, mais la demande était pratiquement inexistante. En effet, il n'y avait pas de douilles pour y fixer ses lampes. Mais les Philips, en vrais créatifs, avaient senti le besoin et s'attelèrent à créer la demande. C'était de l'entrepreneuriat pur jus. À l'époque, il existait sans aucun doute d'autres entreprises, peut-être même plus grandes, bien mieux outillées pour créer les ampoules à incandescence. Mais elles ne voyaient pas la demande et donc pensaient qu'il n'y avait pas de marché – ce qui, après tout, était parfaitement vrai à ce moment-là.

Skype est la conséquence logique du souhait de pouvoir téléphoner à faible coût et de l'existence d'Internet. Dès 1996, des milliers de gens ressentaient ce besoin. Dès cette époque, ont commencé à apparaître sur le marché de petits logiciels qui, bien que basiques, permettaient de téléphoner sur Internet à très bas prix. Tout cela, à la fois primitif et de mauvaise qualité. Mais cela existait. Comment se fait-il qu'il ait fallu attendre 2005 pour que Skype devienne un succès phénoménal ? À ce moment, eBay a racheté Skype pour plusieurs milliards de dollars, et le président de la fédération américaine des entreprises de télécommunications déclarait que le phénomène Skype avait définitivement changé la face du monde des télécommunications.

Anéanti par un nouveau venu

N'est-il pas stupéfiant qu'un phénomène que tout le monde voyait arriver, il y a déjà 10 ans, n'ait pas été détecté par les grandes entreprises en présence ? N'est-il pas extrêmement curieux que l'ordre établi ait laissé détruire son marché par un nouveau venu ? Admettons-le, le secteur a très probablement été guidé par un réflexe visant à se protéger contre la cannibalisation du marché et des baisses de prix indésirables. Mais je suis intimement convaincu qu'en l'occurrence, l'angoisse liée à la créativité a joué un rôle prédominant. Rien n'aurait été plus facile que de laisser la bride sur le cou à un groupe d'esprits entreprenants et créatifs, à l'intérieur d'une entreprise réputée de télécommunications, et de leur proposer de créer de toutes pièces cet « Abominable concurrent ».

Au sein d'une organisation, quelle qu'elle soit, la créativité est l'arme de survie par excellence. Le reste – à savoir organiser, gérer, piloter, calculer – est à notre portée. C'est clair, cela peut se raisonner et c'est donc sous contrôle (quand tout va bien). Mais maîtriser l'art de la création, et organiser un environnement propice à la création, voilà l'essentiel. Quelle que soit l'organisation, l'existence d'un environnement qui favorise la création est indispensable. En l'occurrence, je vise essentiellement les grandes organisations, parce que les entreprises et les organisations de petite taille ont souvent encore en elle cette capacité de stimuler la créativité. Elles sont souvent bien plus proches du marché, les collaborateurs ressentent davantage la demande. Et encourager la créativité y est beaucoup plus simple.

Utilisez votre puissance créatrice

Au sein des grandes entreprises règne souvent une perception de ce que sont les comportements souhaités, induite ou non par le management en place. Or il est essentiel que le management stimule les comportements créatifs, et qu'il les affiche lui-même. Sinon, les incitations à se comporter de manière créative s'effilochent très rapidement. Développer ses activités en dehors des sentiers battus, en dehors des règles établies, doit absolument être possible. Cela ne doit en aucun cas être réprimé.

N'y a-t-il aucun risque ? Si, bien sûr, des tas de choses peuvent aller de travers. Mais pas d'inquiétude : ce processus de créativité est tout à fait gérable. Il est véritablement possible de garder la maîtrise des risques. L'essentiel est de prendre conscience qu'aucune entreprise ne peut se permettre de perdre le plus vital de tous ses flux : l'utilisation de l'énorme potentiel créatif présent en son sein. Parce que ce potentiel créatif est là, chez chacun d'entre nous. Il suffit de l'activer.

Points clés à méditer

La créativité se présente sous différentes formes, mais tout le monde est créatif. Certains imagineront des choses auxquelles personne n'a pensé avant eux. D'autres aperçoivent une possibilité d'amélioration des méthodes de travail. D'autres encore voient les avantages qu'apporterait la mise en œuvre de nouvelles technologies.

Il importe surtout de valoriser la créativité sous toutes ses formes, et de faire en sorte que le bon type de créativité s'exprime au bon endroit. Ainsi, une créativité sauvage et débridée conviendra davantage à la prise d'initiatives sur les marchés qu'à la rénovation de processus critiques. Le bon leader saura reconnaître les puissances créatives présentes dans son organisation et donner à chacun la place où sa créativité s'exprimera le mieux.

Et si on jouait

L'un des plus grands instituts de recherche au monde s'appelle le Xerox PARC : le Xerox Palo Alto Research Center. Cela fait des dizaines d'années que l'on y invente tout… et n'importe quoi. Tout le monde connaît aujourd'hui l'environnement Windows de Microsoft. Peu de gens savent que les principes de base de Windows sont nés dans l'imaginaire collectif du PARC de Xerox. C'est un environnement hors du commun, où chacun est autorisé à jouer en toute liberté. Ce type d'environnement est évidemment très rare. Le Natlab, le laboratoire de recherche du groupe Philips, a probablement été un autre de ces biotopes. Peut-être même l'est-il encore, même si j'ai l'impression qu'aujourd'hui on y pratique beaucoup plus la recherche appliquée, repoussant progressivement l'idée de jeu à l'arrière-plan.

On reproche fréquemment à ces laboratoires de recherche le nombre très élevé de leurs découvertes absolument extraordinaires qui ne sont finalement jamais exploitées ensuite. Xerox a d'ailleurs été vertement critiqué pour n'avoir rien fait de cet environnement Windows.

Il me vient une idée…

L'un des anciens directeurs scientifiques du Xerox PARC s'appelle John Seely Brown. C'était « la tête pensante » du laboratoire. Je l'ai rencontré à l'occasion d'un séminaire que nous avions organisé pour le conseil d'administration d'un grand groupe néerlandais à San Francisco. Lors de cette session, John Seely Brown a su amener les membres de ce conseil d'administration à jouer avec leurs idées. De son côté, il a partagé des réflexions à ce point originales que personne n'y avait jamais pensé. Je l'ai revu par la suite, et je l'ai toujours considéré comme l'un des exemples les plus manifestes de la capacité à « jouer ». C'est ce même John Seely Brown qui explique que la principale tâche d'un leader ne consiste pas à gagner de l'argent mais bien à donner du sens aux choses : « *The job of leadership today is not just to make money. It's to make meaning.* »

Un ami de John Seely Brown, John Kao, a joué un rôle important dans ma vie. Ses parents, tous deux enseignants en Chine, ont émigré aux États-Unis à la fin de la Seconde Guerre mondiale. C'est là qu'est né leur fils. Qu'allait-il devenir plus tard ? Enseignant lui aussi ? John voulait devenir musicien ; il devint pianiste et claviériste pour plusieurs groupes connus, dont celui de Frank Zappa. Mais bon sang ne saurait mentir et John devint professeur à l'université de Harvard. Le recteur de l'université lui proposa d'enseigner une matière encore en friche : la gestion de l'innovation. La réponse de John fut immédiate : « Mais il n'existe aucune littérature sur ce sujet ! » Justement !

À Harvard, pendant 14 ans, John Kao a développé la gestion de l'innovation, avant d'écrire son best-seller *Organiser la créativité : l'esprit du jazz* (titre original : *Jamming*). Mais après 14 ans, il en avait assez : assez d'étudiants, assez d'enseignement. John plia bagages et s'installa à San Francisco, « the place to be » au cours des années 1990 en matière de créativité et de jeu.

John voulait recommencer à jouer ! Et il ne voulait pas se limiter au piano jazz, à ces jams qu'il organisait entre amis. Il voulait recommencer à jouer avec des idées et des entreprises. Arrivé à San Francisco, il loua un atelier désaffecté, un ancien atelier exploitant des couturières chinoises. Il ne savait pas encore ce qu'il allait faire dans cette usine. Il prit une chaise, s'assit au milieu de l'entrepôt vide et se mit à réfléchir. À se laisser envahir par ses pensées. Il installa un piano à queue Steinway et commença une *jam session*. C'est sa manière de fonctionner. Petit à petit, il attira des talents venant de tous les horizons et transforma l'entrepôt en une *jam session* pour entreprises. Cela existe depuis que le monde est monde : des musiciens qui se rassemblent et font de la musique ensemble, sur un thème. Comme s'ils étaient déjà en groupe depuis des années. C'est le summum du jeu. Ensemble, en harmonie, en goûtant intensément le moment.

S'abstraire du monde

C'est donc là, à San Francisco, que John Kao créa ce qu'il appelait The Idea Factory – l'usine à idées. Un endroit où les entreprises peuvent créer des idées et les tester en jouant. C'est là que j'ai compris toute l'importance de l'environnement de jeu. Jouer dans la grisaille d'un bureau est tout bonnement impossible. Jouer, ça se fait dans un bac à sable ou dans une aire de jeux. Dans son Idea Factory, John jouait du piano et inspirait son entourage. C'est ce qui m'est arrivé un jour de 1999. J'étais là avec un groupe de clients, et nous avons vécu une session que je ne suis pas près d'oublier. Pendant quelques heures, je me suis totalement abstrait du monde. Lorsque nous sommes sortis de là, un de mes clients m'a dit : « Leen, j'ai l'impression que tu vas changer d'orientation. » Et c'était vrai. C'est à ce moment-là que j'ai décidé que je ne voulais pas être P-DG d'un grand groupe. Je voulais jouer, et jouer bien plus que ne l'accepterait l'entourage d'un P-DG. C'est à partir de là qu'a graduellement grandi entre John et moi une amitié qui nous a amenés à créer ensemble aux Pays-Bas une Idea Factory, un cadre où des centaines d'entreprises ont déjà participé à des séances de créativité. Il est important de bien choisir le site. Jouer avec ses propres idées, jouer avec les idées des uns et des autres ne peut pas se faire n'importe où. L'atmosphère, le site, jouent un rôle considérable. Dès 2000, des tas de gens ont commencé à jouer dans notre Idea Factory. Après quelques années, nous avons également constaté qu'il pouvait être utile de rapprocher le jeu de l'entreprise. Jouer *dans* l'entreprise est pratiquement inacceptable. Mais jouer à la lisière de l'entreprise, c'est possible, cela se voit et cela produit une énorme stimulation.

Jouer à fond

Jouer ? Mais ça ne se fait pas ! Nous avons désappris à jouer. À la fin des années 1990 et au début des années 2000, pourtant, la culture du jeu faillit être acceptée au sein des entreprises.
On se mit à publier de nombreux livres sur le sujet. Jusqu'à l'éclatement de la bulle Internet. Ce fut le début d'un nouveau credo, celui du contrôle financier ; jouer n'était plus qu'une idiotie qui ne rapportait rien. Et pourtant, combien d'entreprises ne clament-elles pas haut et fort dans leur rapport annuel et sur leur site Internet l'importance qu'elles accordent à « leurs normes et valeurs ainsi qu'au développement humain ». Bien souvent, ce n'est que du bla-bla marketing sans autre conséquence. Au grand dam de leurs employés qui, eux, voudraient bien que ce soit vrai.

Quand les enfants jouent, ils partagent. Ils improvisent, ils entrent en concurrence, ils méditent, ils se fédèrent. Ils adoptent une palette de comportements que nous, adultes, connaissons bien (lire à ce propos *The Play Ethic*, de Pat Kane). Des comportements que nous devrions également autoriser dans nos entreprises.

Voyez par exemple l'Institut des idées idiotes créé par le coach et consultant néerlandais Michel Winkler. Une idée fantastique, universelle. Si le nom fait sourire, il encourage également à émettre, en effet, les idées les plus idiotes. Parce que, après tout, qu'est-ce que c'est qu'une idée idiote ? Et si ça voulait dire « idée brillante à laquelle personne n'avait jamais pensé auparavant » ? Et donc d'autant plus précieuse ? Jouer avec les idées, c'est le métier de John Kao. C'est le métier de Michel Winkler. Jouer avec les idées, c'est ce que nous devrions faire, tous autant que nous sommes, bien plus souvent. Mais dans combien d'organisations trouverez-vous un espace dédié au jeu ?

Chez Google, jouer est obligatoire. Tous les collaborateurs sont encouragés à consacrer jusqu'à 20 % de leur temps à ce qui les amuse. Vu de l'extérieur, cela donne une culture d'entreprise très ludique. Les gens ont l'impression de pouvoir faire ce qu'ils ont envie de faire. Mais c'est justement dans ces 20 % que Google puise sa capacité d'innovation. Presque tous les produits lancés par Google, de Gmail à Google Earth, sont issus de projets ludiques lancés par une poignée de collaborateurs.

Il faut que ça reste amusant

De nos jours, toutes les entreprises pérorent, dans leurs rapports d'activités, sur la manière dont elles traitent leurs collaborateurs. Malheureusement, il y a loin de la coupe aux lèvres. L'agréable atmosphère de travail passe généralement à la trappe, dès les premiers revers économiques. Honnêtement, quelle entreprise française a, aujourd'hui, la réputation d'être une entreprise où il fait bon vivre ? Quelle société laisse à chacun la place de jouer, explorer et exprimer ses talents ? Beaucoup de sociétés pensent le faire mais dès que le marché se tend, elles se séparent des personnes les plus indispensables. La loyauté vis-à-vis des employés et une vision à long terme sont presque inexistantes. L'obsession des rapports trimestriels conduit à une stratégie à court terme où la créativité se réduit à portion congrue. Dommage, car par elle-même, la culture du jeu et de la créativité suffit à attirer le talent.

Lâchez-vous !

Les études prospectives s'accordent à dire que la guerre pour la maîtrise des talents va faire rage dans les années à venir. L'on s'attend à des déficits importants de collaborateurs talentueux sur le marché de l'emploi. Aux gens que nous expulsons de notre pays aujourd'hui, nous serons contraints de dérouler le tapis rouge dans quelques années pour les attirer, parce que nous en aurons besoin.

Une entreprise qui autorise le jeu répond à des besoins humains fondamentaux. Cela n'étonnera personne. Ce qui est étonnant, c'est que tant d'entreprises n'en tiennent pas compte. Car si les actes de l'entreprise ne s'accordent pas aux paroles, les collaborateurs ressentent immédiatement ce manque d'authenticité, ce qui se retourne immanquablement contre l'entreprise.

Décrispez-vous, laissez-vous aller, lâchez-vous, faites l'enfant de temps à autre. Et si on jouait ?

Et si on ne faisait... rien ?

Ne rien faire, vraiment rien du tout

Rien que l'idée de ne rien faire a de quoi pétrifier d'horreur tout manager qui se respecte. Ce même manager qui est persuadé qu'il faut travailler très, mais alors, très dur. Qu'il faut être au bureau dès huit heures du matin, même au prix d'innombrables heures d'embouteillages. Après tout, « yaka » partir plus tôt. « Ouais, je bosse beaucoup, au moins 80 heures par semaine ». Triste mouton de Panurge...

Je connais un grand groupe pétrolier où les stagiaires se croient apparemment obligés de courir dans les couloirs, un pan de chemise flottant sur les fesses, les manches retroussées, l'air à la fois important et excessivement occupé. Ils croiraient déchoir s'ils quittaient le bureau avant leur patron. Surtout, donner l'impression de travailler dur, très très dur. À croire que c'est exactement ce qu'on attend d'eux. Parce que sincèrement, dans des circonstances normales, qui donc adopterait un comportement aussi crétin ? Et pourtant, il faut bien que ce souci de travailler dur vienne de quelque part.

J'ai récemment participé à un très agréable tournoi de golf en Écosse. Génial. Site exceptionnel, excellente compagnie. Or la veille du tournoi, un des P-DG invités s'est décommandé, pour cause d'agenda trop chargé. Bien sûr, les impondérables existent. Mais en l'occurrence, j'ai eu le sentiment que ce P-DG s'estimait tout simplement indispensable. C'est un sentiment très répandu. Et pourtant, si ce P-DG disparaissait demain, son entreprise poursuivrait tout simplement ses activités, et au fond, il le sait probablement très bien. Peut-être a-t-il peur de voir un autre prendre sa place s'il ne travaille pas très dur ?

Ah, la peur, l'angoisse, toutes ces images que chacun se projette dans la tête. Parce que bien entendu, rien de tout cela n'est « pour de vrai ». Ce concurrent imaginaire, laissez-le donc prendre votre boulot ! Que l'entreprise apprenne à se passer de vous ! Après tout, ne rien faire, arrêter de courir comme un dingue après son boulot, c'est extraordinairement productif. Et ça, c'est une idée extrêmement difficile à faire admettre.

La tête vide

Quand est-on créatif ? Quand est-on en mesure de résoudre des problèmes difficiles ? À quel moment est-on véritablement au top de sa créativité ? Quand on a la tête vide. Quand on n'est pas soumis à la pression du temps. Faites l'expérience : demandez à une personne créative d'exercer sa créativité très rapidement. Mieux : immédiatement. Demandez donc à un publicitaire d'imaginer une bonne idée, là, tout de suite, à la minute. Généralement, ça ne marche pas. Les bonnes idées viennent toutes seules, par génération spontanée. Sous la douche, pendant que vous vous rasez, en sortant le chien. Au fond, nous le savons tous. Et pourtant, nous ne nous accordons pas l'espace nécessaire pour laisser germer nos idées. Parce que nous devons travailler.
Qui donc s'octroie le temps de réfléchir à ce qu'il veut réellement faire de son temps ? Pas grand monde. Alors on laisse le temps, ce temps précieux, notre temps, glisser entre nos doigts comme du sable fin. Et il passe terriblement vite : « *Time flies like an arrow.* » Soudain, il est là, ensuite, il n'est plus là. Alors, pour beaucoup, ne rien faire est une idée terrifiante. Ils *doivent* encore faire tant de choses…

Eh bien, non, justement, ils ne doivent rien du tout ! Surtout si c'est au détriment du temps qu'ils doivent consacrer à ce qui compte vraiment dans la vie. Leurs enfants, leur conjoint, leurs parents, eux-mêmes, leurs amis, le monde, leurs collaborateurs, etc. Toutes ces occupations tellement plus importantes que le travail. Mais voilà, bien souvent, chercher la fuite dans le travail ou penser que c'est le plus important, c'est tellement plus facile…

Qu'est-ce qui nous fait vibrer ?

Une fois par mois, en moyenne, j'emmène un groupe de managers en France. Un voyage tranquille. À l'aise. Pas d'excès de vitesse. Arrivés à notre destination, une ferme médiévale, nous partons déjeuner. Savourer un bon verre de vin. Après une petite pause, nous prenons place devant l'âtre, un de ces âtres capables d'accueillir un tronc entier. Et nous parlons. De quoi ? De nous-mêmes, ce qui nous tient vraiment à cœur, ce qui nous apporte l'inspiration, nous émeut, nous passionne. De ces choses qui vous mettent la larme à l'œil. Des histoires vraies tout droit venues du cœur. Et nous écoutons. Nous écoutons beaucoup. Nous nous écoutons les uns les autres, et nous nous écoutons nous-mêmes. Tranquillement, le regard perdu dans les

flammes. Les pensées perdues dans la conversation. Cela crée une énergie qui aide à s'ouvrir et à confier aux autres les mouvements les plus profonds de l'âme. Quand nous arrive-t-il encore de faire cela ? Jamais, ou presque. Parce que nous n'avons pas le temps.

À l'une de ces sessions devait participer le P-DG d'une banque. Mais lui aussi ne put s'empêcher, une semaine avant le départ, de se décom mander. Oui, trop de boulot, vraiment ; le devoir l'appelait. Et bien entendu, passer quelques jours à ne rien faire ne figurait pas en tête de ses priorités. L'agenda ne le permettait pas. Ah, l'agenda, quel mystère ! Les secrétaires sont dressées pour le remplir au maximum. « Non, M. X. n'a pas de disponibilités dans son agenda avant quatre mois. » Pas de disponibilités ? Vous plaisantez ? Si c'est important, j'ai du temps tout de suite. Si votre enfant a un accident, vous en ferez, de la place. Tout d'un coup, l'agenda perdra beaucoup de son importance. S'il y a un sujet capable de me faire perdre mon sang-froid, c'est celui-là. Non pas que je me sois comporté autrement, pendant de – trop – nombreuses années. Mais aujourd'hui, mon agenda est l'objet de toutes mes attentions. Parce que mon temps est précieux. Je refuse de le gaspiller à des réunions sans importance, avec des personnes que je n'ai vraiment pas envie de rencontrer. Et par-dessus tout, je veux me ménager beaucoup de « place ».

Revenons à ce banquier trop occupé pour nous accompagner en France. Je lui ai d'abord téléphoné personnellement. Pour lui expliquer qu'il était hors de question qu'il se décommande. Déjà, ça l'a ébranlé. J'ai alors pris ma plus belle plume pour lui écrire une lettre personnelle. Un cri du cœur. Pour lui demander s'il s'estimait réellement si important, si irremplaçable dans sa banque. S'il prenait parfois le temps de faire une pause, de ne rien faire, pendant des jours et des jours, pour s'interroger sur ce qui importe vraiment dans la vie. Du coup, son agenda se libéra – le libéra ? – et il vint avec nous. Nous accompagner était donc important, mais tout simplement difficile. Je n'oublierai jamais ses paroles, dans l'avion du retour depuis Toulouse : « Leen, c'était inoubliable. Après ces quelques jours, je me sens grandi. Mais c'était trop court. Bien trop court. »

Mieux sans moi

Trop court ? Oui, bien sûr. Nous consacrons trop peu de temps à l'essentiel. Nous conduisons « vite » les enfants à l'école, nous leur souhaitons « vite » bonne nuit. Une bise express au conjoint, pas de temps pour les réunions de parents, pas de temps pour les amis. Nous manquons toujours de temps, parce qu'il y a toujours plus important à faire. Un autre jour, un dirigeant également inscrit à notre séminaire campagnard en France a voulu se décommander, lui aussi, à cause d'un comité de direction impromptu.

« Pas question, lui dis-je : se décommander est interdit et d'ailleurs, votre entreprise se portera bien mieux sans vous *(hahaha !)*. » Silence à l'autre bout du fil. Je l'entendais littéralement penser « se portera mieux sans moi »... À quoi je brûlais d'ajouter : « Oui, et toi, franchement, tu te porteras bien mieux sans cette réunion. » Puis l'estocade : « Si vous vous décommandez, vous allez déséquilibrer le groupe, ce qui me posera un problème à moi. » Diable. Dilemme !

Réponse : « D'accord, je vous accompagne. » Pourquoi dois-je toujours déployer de tels trésors de persuasion pour faire comprendre aux gens que ne rien faire leur est bénéfique ? Pourquoi sont-ils si nombreux à ne m'accompagner qu'en catimini, en rebaptisant « formation » nos quelques jours au calme ? La réponse va de soi. Allez donc annoncer à votre patron ou à vos collègues que vous partez quelques jours ne rien faire. « Comment ? Ne rien faire ? Tu perds la tête ? On est en plein boum, tu ne peux quand même pas partir ne rien faire ! » Vous l'aurez compris, ces sessions ont beaucoup de succès. Après quelques heures de « rien faire » et de conversation au coin du feu, nous abordons, le soir, les sujets où chaque participant va puiser son inspiration. Sa force. Son énergie.
C'est à ce moment-là que se racontent les histoires les plus extraordinaires, d'une intense authenticité. Après tout, sans authenticité, tout cela serait sans valeur, et il vaudrait mieux aller tout simplement bosser…
Nous avons donné à ces réunions le nom de sessions CŒUR– car l'objectif est d'aller au cœur des choses. De prendre le temps d'un échange d'idées sur ce qui est véritablement essentiel dans la vie, avec des personnes qui n'en ont pas l'habitude. Parce qu'elles n'ont pas le temps.
Tout cela ne peut pas se faire n'importe où. La ferme médiévale qui nous accueille dégage une extraordinaire énergie, des ondes positives, et certaines personnes y sont d'ailleurs très sensibles. L'endroit est habité depuis la préhistoire. Et même si le château a été dévasté en 1360, il continue d'irradier cette énergie positive. J'ignore comment c'est possible, et il faudra un jour que je me penche sur la question, car cette destruction n'a pas dû être une partie de plaisir. D'un autre côté, si ce lieu est habité depuis des dizaines de milliers d'années, ce n'est pas pour rien. De tout temps, inconsciemment, l'humain s'est établi sur les sites les plus favorables.

Le bon endroit

Ne rien faire demande un endroit propice, accueillant, qui procure l'énergie nécessaire pour trouver calme et repos. *A priori*, votre bureau ne fait pas l'affaire. Bien sûr, il y a des exceptions. Certaines personnes sont tout à fait capables de méditer une heure par jour, comme ça, au bureau. Mais cela suppose des prédispositions. Un apprentissage. En revanche, arriver à ne rien faire, sans préparation ni formation, demande un peu d'aide.

La route sera longue avant que les entreprises encouragent leur management à ne rien faire. Pas en permanence, bien sûr, mais de façon suffisante pour décupler leur productivité. Il faudra encore du temps pour que l'entreprise impose à son personnel, de temps à autre, de ne rien faire. Parce qu'elle aura compris qu'en agissant ainsi, elle instaure un nouvel équilibre de vie.

Il n'y a pas si longtemps, il était de bon ton d'annoncer, sans avoir l'air d'y toucher, qu'on travaillait 80 heures par semaine. Qu'on était débordé. À la question « T'as beaucoup de boulot ? », personne n'aurait jamais osé répondre qu'il n'avait rien à faire. Comment atteindre les sommets sans rien faire ? C'est pourtant une idée fausse, à laquelle il faut tordre le cou. Ce côté chic de l'hyperactivité. Ce n'est pas bon pour nous, surtout pas au travail. *A fortiori* si les comportements qui en découlent tournent à l'obsessionnel.

Ah bon, je peux ?

Le P-DG d'un célèbre groupe néerlandais est connu pour travailler très dur. Il n'est presque jamais chez lui. Toujours entre deux avions. Au boulot chaque matin à sept heures. S'il rentre chez lui le soir, ça ne peut être que très tard. Pire : il en attend autant de ses collaborateurs. Qu'il s'inflige un tel mode de vie, ma foi, c'est son affaire. Mais qu'il l'érige en culture d'entreprise a de quoi faire peur.

Un jour que je prononçais un discours devant 300 cadres de l'entreprise que je dirigeais, j'observai qu'il était 18 h 30 et qu'il était grand temps que je rentre chez moi : j'avais en effet promis à mes enfants de passer la soirée avec eux. Au demeurant, j'étais déjà en retard et ma remarque me paraissait bien naturelle. Elle m'a pourtant valu des dizaines de questions et de courriels, autour du même thème : est-ce donc permis, dans cette entreprise ? A-t-on le « droit » de se fixer une telle priorité ? Je fus véritablement surpris. Apparemment, je n'avais pas encore ressenti ce volet de la culture de cette entreprise : travailler dur et tard le soir.

Le soir, si je ne travaille pas, il m'arrive encore, parfois, de ressentir un léger malaise. Il m'arrive même de me sentir coupable quand je lis un livre au coin du feu. Ça ressemble à s'y méprendre à des symptômes de désintoxication. Il paraît que les fumeurs ressentent la même chose lorsqu'ils arrêtent le tabac. Ne rien faire, sentir qu'on n'est pas débordé, est un exercice difficile. Souvent mal perçu. Et pourtant, ne rien faire, de temps en temps, est le meilleur remède contre le stress. Cela aide à résoudre ses problèmes, à rester heureux, à s'autoriser à être soi-même.

Ne rien faire devrait faire partie intégrante, obligatoire, du travail. Qui sait, peut-être un jour serons-nous débordés d'oisiveté ?

La beauté de *l'énergie*

Parfois, tout semble couler de source. On se sent euphorique, toute fatigue disparue. On pourrait continuer sans fin. Une sensation d'intense bien-être vous saisit et vous amène à vous dépasser, bien au-delà de vos limites habituelles. Vous pouvez travailler de longues heures d'affilée sans avoir l'impression de « trimer » ni « d'en voir de toutes les couleurs ». Une vague d'énergie vous porte, comme après l'absorption d'une drogue (peut-être à ce moment-là utilisez-vous les drogues naturellement produites par votre corps).

En 2006, le club espagnol de Villarreal dispute la demi-finale de la Champions League. Un véritable exploit, parce que en début de tournoi, personne n'aurait parié un kopeck sur ce club. Soudain, l'équipe semble transfigurée, portée par une vague de succès. Les joueurs se sentent pousser des ailes ; match après match, ils se dépassent. Tout leur réussit. Comment en sont-ils arrivés là ? Comment cette équipe a-t-elle pu déplacer des montagnes et rendre possible l'impossible ? La réponse me paraît claire. Elle s'est trouvée portée par un flux continu d'énergie qui transcendait les joueurs, les faisant littéralement planer. Ils étaient enthousiasmés par leur objectif (atteindre le match suivant de la Champions League) et chaque fois qu'ils l'atteignaient, l'objectif suivant était déjà là, à leur portée : atteindre le suivant. Chaque victoire les redynamisait. Chaque victoire était une extraordinaire occasion de fête, pour le club, les fans, la presse, l'Espagne tout entière. Et chaque victoire confirmait que le titre était à leur portée : « Tu vois ? C'est possible ! » Malheureusement, le conte de fées prit fin lorsque le club dut s'incliner de justesse devant Arsenal. Mais ils avaient beau être privés de finale, les joueurs du Villarreal avaient écrit un splendide chapitre de l'histoire espagnole du foot.

Ce qui me paraît intéressant, c'est que si vous posez la question suivante à quelqu'un : « Qu'est-ce qui vous donne de l'énergie ? », le travail ne sera probablement pas la première chose qui lui viendra à l'esprit. Pour beaucoup, le travail est quelque chose d'ennuyeux. Un mal nécessaire. On travaille pour l'argent. Ou parce qu'il le faut bien. Alors qu'on y consacre environ quarante heures par semaine. Un quart de notre temps, un tiers de notre temps actif (non consacré au sommeil). Apparemment, bien peu de gens sont en mesure de produire par eux-mêmes ces bonnes ondes au travail. Et bien peu d'entreprises sont capables de les créer.

Ouvrez les vannes !

Mon premier employeur était une multinationale. J'étais très jeune, et lors d'un entretien, le directeur du personnel me demanda quelles étaient mes ambitions au sein de l'entreprise. Je lui dis que je voulais atteindre un niveau de direction. Un regard. « C'est ce que veulent tous ceux qui viennent travailler ici. Pouvez-vous être plus précis ? » À quoi je répliquai que je voulais devenir président du conseil d'administration. Apparemment, personne ne lui avait jamais rien dit de tel. « Il faut au moins trente ans d'expérience pour ça – je ne vais pas noter cela dans votre dossier. » Manifestement, il n'était pas habitué à ce qu'on lui exprime une telle ambition.

Bien entendu, cette entrevue avec le directeur du personnel n'a pas été le début d'une expérience stimulante. Imaginez ce que pourraient devenir de telles multinationales si elles étaient capables de créer un flux d'énergie parmi leurs collaborateurs. Si chaque projet réussi, chaque excellent résultat trimestriel, chaque contact client efficace avait le goût d'une victoire en Champions League, cela donnerait une aura véritablement différente à l'entreprise. Elle serait source d'inspiration, pétillante, bouillonnerait de créativité et dégagerait une énergie phénoménale. Fantaisie ? Utopie ? Pourtant, le flux existe bel et bien, il donne une énergie inouïe… et reste un phénomène pratiquement inconnu au travail.

Au bord de la rupture

Peu après mon entrevue avec le directeur du personnel, j'ai décidé de créer ma propre entreprise où je pourrais donner libre cours à mes ambitions. Déjà, je devenais immédiatement directeur général, atteignant ainsi mon premier objectif. Je pouvais me concentrer sur les suivants. Dans cette entreprise, j'ai connu plusieurs situations de flux extrêmement fort. J'ai travaillé dur, sans jamais ressentir cela comme une contrainte (il se peut que mon entourage l'ait vécu différemment, mais c'est un autre débat). J'ai toujours réussi à me fixer de nouveaux objectifs qui m'enthousiasmaient, et chaque fois, les résultats et le succès étaient au rendez-vous. L'entreprise progressa, connut le succès et fut finalement vendue.

La théorie précise que l'énergie naît d'un juste équilibre entre les défis (des objectifs enthousiasmants) et les capacités (qui permettent d'atteindre l'objectif). Face à un grand défi, un manque de capacités est source d'angoisse. L'angoisse de l'échec. Ça ne crée pas d'énergie. J'ai un jour travaillé dans une entreprise en forte croissance. Je me suis rendu compte qu'il me fallait trouver une autre secrétaire, avec d'autres capacités et davantage d'expérience que celle qui travaillait pour moi. Pas drôle, comme message. Lorsque je lui en ai parlé, elle m'a paru totalement soulagée. Cela faisait plusieurs mois qu'elle était au bord du *burnout*, et l'augmentation constante de sa charge de travail s'accompagnait d'un stress difficile à supporter. Ses journées de travail s'allongeaient, pour des résultats de moins en moins satisfaisants. Elle vivait dans une angoisse qui la crispait totalement. Une situation d'antiflux énergétique, pourrait-on dire. Pouvoir se libérer de cet étau fut pour elle une délivrance, malgré la perspective d'autres incertitudes.

Et ça continue

À l'inverse, l'absence de défi, alors qu'on dispose de grandes capacités, génère l'ennui. Une telle situation n'est pas davantage créatrice d'énergie. Tout le monde connaît l'histoire de l'homme d'affaires qui prend sa retraite anticipée à 55 ans. Habitué à une pression constante, à un flot continu d'adrénaline, à une gestion rigoureuse de son temps et à la multiplicité des tâches, il tombe dans un vide insupportable. Que faire de tout ce temps, de cette absence de stimulation ? Un premier accident cardiaque à 58 ans. Il se rétablit, mais pas complètement. À 62 ans, c'est un vieil homme, soigné par son épouse. Et il finit par décéder, à 64 ans, avant même l'âge officiel de la retraite. Ça aussi, c'est une situation d'antiflux, quoique d'un autre genre.

Pour générer ce flux d'énergie, il est nécessaire que les objectifs et les capacités concordent. Que les contraintes qu'impose l'objectif soient à votre portée. Et tout en travaillant, les savoir-faire, donc les capacités, progressent. On gagne en habileté, en expérience et en compréhension. Et plus les capacités progressent, plus l'on peut (l'on doit) élever ses objectifs. Le flux impose que les objectifs soient toujours plus complexes. Cela ne s'arrête jamais, cela n'est jamais statique.

Outre le bon équilibre entre les défis et les capacités, une validation (un feed-back) régulière s'impose. Si vous visez un objectif depuis des années sans jamais sentir que vous vous en approchez, vous sortez du flux. Cela a été mon cas, et j'en ai connu beaucoup dans mon entourage : des gens qui veulent écrire un livre. J'en rêvais depuis des années. Des chapitres entiers me trottaient en tête, jour et nuit, sans jamais que j'arrive à en mettre le premier mot sur papier. Et puis je m'y suis mis, sérieusement. Chaque chapitre, chaque page confirme la réalisation de votre rêve, renforce votre résolution de véritablement l'écrire. Ce livre, auquel j'avais pensé pendant des mois, fut finalement écrit en moins d'un trimestre. Je ne tiens pas à enjoliver les choses : si certains jours ça allait tout seul, c'était assez pénible à d'autres moments. Mais j'avais trouvé le rythme et l'énergie. Et c'est pour ça qu'il est terminé, puisque vous le lisez.

En avant

Cette validation est parfois faite de toutes petites choses. De toutes petites confirmations intermédiaires peuvent suffire à entretenir ou renforcer notre énergie. Un navigateur solitaire ne voit autour de lui que de l'eau,

des jours et des jours durant. Mais c'est dans l'avancement de sa position sur sa carte marine qu'il trouve son feed-back. Il « voit » ses progrès et c'est là qu'il puise son énergie. D'autres navigateurs trouvent leur feed-back dans la présence des dauphins qui font la course avec leur bateau, ou des icebergs frôlés. Cela dépend des raisons qui vous ont poussé à faire le voyage, mais pour rester en état de flux, il est primordial de voir vos objectifs ainsi confirmés.
Invités récemment à présenter un exposé devant quelques grands groupes, nous avons décidé de renoncer au traditionnel diaporama projeté sur écran. Nous avons préparé, en revanche, une grande affiche, de plus de deux mètres, sur laquelle nous avions présenté tout notre scénario en images, avec à peine quelques mots.

L'effet fut extraordinaire. Dans la salle, au lieu du traditionnel public à moitié endormi, circulaient maintenant des participants actifs, qui tournaient autour de notre affiche à grand renfort de gestes et d'exclamations. Chacun pouvait montrer clairement les éléments qui l'enthousiasmaient, et c'était contagieux. Chacun voulait contribuer à la proposition. Cette affiche s'est révélée un puissant outil de flux. Outre qu'elle présentait la proposition tout entière d'un seul coup d'œil, tout le monde pouvait très rapidement manifester son enthousiasme et son adhésion sans devoir attendre la fin d'un diaporama. En raccourcissant considérablement le délai de feed-back, l'énergie était partagée beaucoup plus vite.

Il s'agit donc de fixer des objectifs enthousiasmants, réalisables, et d'obtenir du feed-back. Bien sûr, les objectifs viennent en premier puisque le reste en découle. Dans nos projets, nous prévoyons de nombreux entretiens avec les clients, pour leur poser des questions sur leurs rêves et sur leurs ambitions. Nous ne nous intéressons qu'aux ambitions et aux rêves personnels. Pas de réponse obligatoire. Et vous serez surpris de constater à quel point les gens aiment en parler. Les rêves et les ambitions personnels sont le moteur qui anime tout un chacun. La source ultime d'énergie. Après tout, c'est de bonheur personnel qu'il s'agit. À quoi sert le flux d'énergie si ce n'est au bonheur personnel ?

L'ordre et le **chaos**

Une entreprise peut être comparée à une machine. Les processus et les procédures en sont les rouages. Au début du processus de production, les fournisseurs apportent les matières premières et à la fin du processus, les produits finis sont expédiés depuis les entrepôts vers les magasins. La machine peut être régulée de façon à produire vite ou lentement, et moyennant des adaptations mineures, il est possible d'adapter quelque peu le produit. Pour des adaptations plus importantes, on peut décider de réaménager complètement le processus de production. Mais le concept de la machine reste axé sur la production. L'entreprise crée de l'ordre. De la régularité et de la prévisibilité. Du contrôle total.

L'accessoire humain

Pour beaucoup, cette métaphore n'est guère attrayante. L'être humain y devient ressource humaine aux côtés de toutes les autres ressources que l'entreprise consomme, comme le capital et les matières premières. Il y a là quelque chose de morbide et de déterministe. Où donc sont l'inspiration et la créativité dans cette entreprise déshumanisée ? Comment pourrait-elle réagir en souplesse aux capricieuses réalités de la vie ?

En outre, ces entreprises machines que nous organisons et que nous utilisons manquent souvent d'efficacité. Nous n'entendons que trop souvent parler d'entreprises machines qui se grippent, voire qui déraillent tout à fait. Je pense à ces entreprises bureaucratiques, où l'on met davantage l'accent sur les impossibilités que sur les possibles, sur ce qui n'a pas été fait plutôt que sur les réalisations. Ou encore aux excès frauduleux (lorsque la défaillance de la machine nous apparaît trop tard) qui mènent à la disparition totale de géants tels que Enron ou Parmalat. La vie en est pleine. Et comme les entreprises sont un des fondements du bon fonctionnement de notre société, nous sommes en droit de nous demander si nous voulons continuer à y jeter un regard de machine.

L'inverse d'une telle machine serait probablement la porte ouverte à l'anarchie. L'absence totale de règles. Le règne du « tout est possible et tout est autorisé ». Certes, une telle situation apporterait une ouverture maximale sur le monde extérieur. On pourrait s'attendre, dès qu'un événement important se produirait sur le marché, à voir quelqu'un y puiser de l'inspiration, imaginer un produit et le proposer au marché. Dans ce cas de figure, les entreprises ne seraient plus nécessaires ; ou alors elles prendraient naissance par génération spontanée pour disparaître ensuite. L'entreprise, gardienne du chaos total. Garante de la perpétuation de tous les possibles.

Bien entendu, aucun de ces deux modèles ne fonctionne. L'ordre parfait est inefficient, le chaos parfait est inefficace. L'ordre parfait entraîne l'inertie à cause des limitations de la machine, et le chaos parfait aboutit à l'apathie par manque de logique et de structure. L'une comme l'autre mènent à une passivité mortelle, où plus rien ne se passe.

Pas d'alternative aux œillères

Les exemples ne manquent pas d'entreprises extrêmement structurées qui, par défaut de flexibilité, n'ont pas survécu sous leur forme ancienne. Chez IBM, par exemple, l'arrivée du PC fut vécue comme une nouveauté sans pertinence pour la stratégie en vigueur, qui visait à développer des ordinateurs de grande taille. Quelques années plus tard, IBM était au bord de la faillite : on n'y avait pas pris conscience assez vite de l'intérêt du PC ; c'était d'ailleurs pratiquement impossible compte tenu des règles et des paradigmes qui existaient dans l'entreprise. De même, pour bien des éditeurs, Internet fut un véritable dilemme. Passer d'une époque où « connaissance est puissance » et où les droits d'auteur sont rentables à l'ère des téléchargements gratuits et des stratégies de marketing viral a coûté cher à plus d'un. Comme le géant informatique IBM, les éditeurs étaient des figures emblématiques de l'ordre établi, qui réfléchissaient en termes de faisabilité, en termes d'intérêts bien établis et protégés, en procédures, en processus et en règles qui consolidaient leur pouvoir.

À l'inverse, il ne manque pas d'exemples de circonstances chaotiques qui se sont avérées tout aussi peu viables. L'année 2000, par exemple, fut l'année de la bulle Internet. Tout était possible, tout était autorisé. Il n'était question que de cette « nouvelle économie » qui allait ranger au placard tous les anciens paradigmes. Au diable le sens des réalités, la raison et le bon sens. Certains opérateurs investissaient plusieurs centaines d'euros par nouvel abonné Internet, convaincus que chaque nouvel abonné s'empresserait de faire tous ses achats sur Internet et laisserait l'opérateur prélever sa marge commerciale au passage.

Beaucoup se souviennent du scandale boursier autour du titre World Online. Les fondateurs avaient discrètement vendu leurs titres à un cours très élevé, touchant une généreuse plus-value, qui provoqua un concert de grincements de dents lorsque le cours du titre implosa peu après. Si la justice dut surtout se pencher sur des questions d'irrégularités et de délit d'initiés, la cause véritable du problème était bien entendu le niveau absurde du cours lui-même.

Nous le savons tous aujourd'hui, cette arrogance a été impitoyablement sanctionnée. Ce qui n'a pas manqué d'occasionner des dommages aux entreprises et aux initiatives « sérieuses ». Rappelez-vous le choc lorsque AOL annonça son intention d'acquérir, par échange d'actions, le vénérable et très réputé groupe Time Warner. La valeur de l'entreprise Time Warner, patiemment construite au fil des décennies, fut échangée contre celle d'AOL qui, quelques années plus tard, s'avéra à peine supérieure à celle du papier sur lequel les actions étaient imprimées.

Y a-t-il un équilibre ?

La conclusion est claire : il faut maintenir un équilibre entre l'ordre et le chaos. Il faut du chaos pour maintenir la flexibilité et la créativité, et il faut de l'ordre pour garantir la productivité et l'efficacité. Mais comment maintenir un équilibre de bon aloi ? Où donc se situe l'optimum ?

Nous avons été invités il y a peu à organiser, en quelques semaines, un atelier pour un important client. Cet atelier s'inscrivait dans un programme de grande envergure, en pleine élaboration, et dont nous n'avions pas encore tracé que les grandes lignes. Nous savions tous que le contenu de notre atelier allait imprimer à l'ensemble du programme une orientation décisive, mais aucun d'entre nous ne savait exactement quel allait en être le contenu. Lors des préparatifs de l'atelier, nous avons tenté à plusieurs reprises d'établir le cadre général du projet, en délimitant à la fois l'orientation à long terme du programme et le contenu de l'atelier. Mais c'est comme si chacune des portes que nous fermions en ouvrait immédiatement une autre, rouvrant à nouveau le champ de tous les possibles.

Le processus de recherche, dans notre esprit mais aussi dans l'esprit du donneur d'ordre, était encore indistinct et nous n'arrivions pas à le fixer. Le chef de projet en perdait le sommeil. Désespéré, il s'exclamait : « Mais personne ne prend donc de décision ici !? » J'avais beau tenter de le rassurer en expliquant que cela faisait partie du processus de création, je comprenais parfaitement son émotion : il nous fallait répondre à une attente et, pour cela, il fallait préparer du concret. Jusqu'au dernier moment, tout resta ouvert. Ce n'est que quelques jours avant l'atelier qu'un certain « flux d'inspiration » nous aida à le structurer.

Tout à coup, les pièces du puzzle se mettaient en place et contribuaient à donner forme au programme définitif. Et à bien considérer le résultat final, c'est comme si nous avions trouvé un programme tout fait. J'en retiens qu'il ne faut pas seulement trouver un équilibre entre l'ordre et le chaos, mais que c'est également une question de timing : quand le moment est-il venu de laisser le processus de mise en ordre se dérouler ? J'étais convaincu que dans l'esprit de chaque participant, le moment de la mise en ordre viendrait naturellement. Comme une procédure de synchronisation. Et c'est ce qui s'est passé.

Des entreprises « chaordiques »

J'ai lu il y a peu le livre fascinant où Dee Hock décrit le marché des cartes de crédit aux États-Unis dans les années 1960. À l'époque, toutes les banques émettaient des cartes et en garantissaient le paiement. Toutes les banques octroyaient également des crédits aux titulaires de cartes, sachant que tout paiement accepté pour une carte d'une autre institution était couverte par la garantie pure et dure de cette dernière. Les règles étaient parfaitement claires et la machine tournait rond. En tout cas, sur le papier. En effet, ce système avait pour effet pervers que les banques se focalisaient sur l'octroi des crédits. Elles traitaient l'encaissement des fonds garantis par les autres banques avec beaucoup moins d'empressement, considérant que cet argent rentrerait bien un jour ou l'autre. Cette attitude finit par dérégler complètement le système parce que les banques intervenaient beaucoup trop tard sur les dossiers de crédit et sur les transactions frauduleuses. La machine déraillait.

Hock comprit que le système de crédit était trop complexe pour en assurer le contrôle. Il décida alors d'opter pour un autre modèle qu'il appela l'auto-organisation. Le fonctionnement en était simple : il créa une organisation coopérative à laquelle toutes les banques participantes firent apport de leurs cartes. Toutes les banques participantes avaient droit à une part de la coopérative. La coopérative fut dotée d'une charte : un code de comportements, d'objectifs et de principes imposé à chaque coopérateur. En outre, la coopérative fut subdivisée en régions, qui furent autorisées à développer leur processus, leur système et leur structure en toute liberté. En revanche, tout amendement des processus généraux nécessitait l'approbation de la direction centrale.

Cette structure coopérative connut une croissance exponentielle. Aujourd'hui, plus de 22 000 banques concurrentes sont copropriétaires de la coopérative ; elles servent plus de 750 millions de clients pour un volume annuel supérieur à 1 000 milliards de transactions nécessitant une coopération très étroite entre les membres. En 1973, cette coopérative adopta une nouvelle marque mondialement connue : Visa.

Hock a baptisé la méthode qui a donné naissance à l'auto-organisation « concept chaordique » : un processus d'organisation qui préserve l'équilibre entre le chaos et l'ordre. Un des exemples de structure chaordique que je préfère est Wikipédia (www.wikipedia.org), l'encyclopédie web à laquelle collaborent des milliers de bénévoles qui, en apportant leurs connaissances aux différentes entrées, ont constitué une méga-encyclopédie dont l'ampleur et l'exactitude dépassent aujourd'hui celles de l'*Encyclopædia Britannica*. L'objectif (la diffusion de connaissances) et les principes (les règles de comportement des auteurs) de ce projet chaordique sont si puissants que Wikipédia est devenu aujourd'hui un cas d'école d'auto-organisation, à mi-chemin entre chaos et ordre.

Rien de tel qu'un bon
cauchemar

Tout est calme sur le front. Le marché se porte bien, l'entreprise a de bons résultats, les bénéfices sont à l'avenant ; bref, y travailler n'est pas désagréable. Les actionnaires sont heureux, le management et les collaborateurs sont fiers, l'entreprise engrange commande sur commande et chacun ressent de bonnes ondes. Bref, tout va pour le mieux dans le meilleur des mondes. En tout cas, en apparence. Car plus un marché est attractif, plus il attire l'attention de nouveaux candidats. Si la concurrence est à l'affût partout, elle l'est d'autant plus volontiers sur un marché en croissance où les marges sont élevées. Dès lors, un marché attrayant est vulnérable à l'arrivée de nouveaux concurrents. Mais ce n'est pas là sa seule vulnérabilité. Lorsque tout va bien tant pour le marché que pour l'entreprise, pourquoi irait-on réfléchir à d'autres modes de fonctionnement ? À quoi bon ? Et qui donc irait réfléchir sérieusement à d'hypothétiques menaces alors qu'il ne semble rencontrer que des opportunités ? Quand tout va bien, encourager une entreprise à s'armer contre la concurrence est extrêmement difficile. Rien de tel pour se faire étiqueter « paranoïaque ». « Mais monsieur, dit le médecin, ce n'est pas parce que vous êtes paranoïaque que vous n'êtes pas poursuivi ! » C'est bien vrai.

Prenez l'exemple de KPN, l'ancienne régie néerlandaise des PTT. Au début du millénaire, KPN était pratiquement en faillite. Une entreprise ainsi acculée mais dotée d'un management compétent est capable des plus grands exploits. Et d'une grande rapidité de réaction. Car ne rien faire, c'est disparaître. Il est bien plus facile de créer un climat d'urgence dans de telles circonstances que dans une entreprise en plein succès sur un marché sain. Un dicton anglais le confirme : « Nécessité est mère d'invention. »

Mais voilà, il faut se souvenir que KPN fut jadis détenteur d'un monopole. Cet état de fait contre nature supprime artificiellement toute concurrence. Du coup, il est presque impossible d'amener une entreprise à changer. Preuve que la concurrence est une bénédiction pour les entreprises, même si on ne le ressent pas toujours ainsi. D'ailleurs, à mon humble avis, KPN fonctionne bien mieux aujourd'hui que par le passé. Même si l'entreprise a perdu un peu de parts de marché, les clients sont mieux servis qu'à l'époque du monopole public. En outre, KPN a gagné en solidité et en innovation.

pour bien dormir

Voyez-vous les nuages qui obscurcissent l'horizon ?

Revenons au commencement. L'entreprise tourne bien, mais le management voit clair et distingue au loin l'arrivée de nouveaux concurrents ou l'imminence de changements sur le marché. Nombreuses sont les entreprises qui, dans le marché mondialisé que nous connaissons, voient apparaître à l'horizon des « barbares ». Un de nos clients, équipementier automobile, sait, avec une totale certitude, que son marché va être complètement bouleversé sous peu, notamment par l'arrivée des Chinois et par un déplacement de la production vers l'Europe de l'Est. Comme nous l'a dit leur CEO : « Les affaires vont bien, mais si nous ne nous dépêchons pas de faire les choses *autrement* plutôt que de les faire *mieux*, nous n'existerons plus d'ici quelques années. »

Une entreprise qui voit les périls qui la menacent se doit d'agir. Elle doit s'armer contre l'imminence du danger. Mais comment faire pour encourager les esprits créatifs à imaginer une défense contre de lointains périls quand tout semble aller si bien ? J'ai appris que dans ce genre de situation, il faut créer soi-même, de toutes pièces, un concurrent terrifiant. Ce concurrent, qui constitue une menace pour l'ordre établi, nous l'appelons l'« Abominable concurrent ». Un concurrent si différent, si effrayant et si dangereux qu'il vous donne d'horribles cauchemars…

Pour l'entrepreneur qui veut secouer son entreprise, même lorsqu'elle paraît naviguer en eaux calmes, rien de tel que de créer un « Abominable concurrent ». C'est un excellent moyen pour trouver à temps les stratégies et les idées de transformations indispensables.

Gagner la prochaine guerre…

Ce concurrent cauchemardesque, nous allons d'abord l'étudier « dans son habitat naturel ». Un tel concurrent intervient de préférence sur des marchés calmes, où les rôles sont bien répartis, où une situation de monopole ou d'oligopole mou, encadrés par de bons contrats, génère des bénéfices confortables. Mais ce ne sont pas les seuls marchés qu'il hante. Dans notre monde en perpétuel changement, tous les marchés sont susceptibles de se dérégler.

En 1995, Stelios Haji-Ioannou, fils d'un riche armateur, créait la compagnie Easyjet, captant très rapidement une importante part de marché et terrorisant les tenants de l'ordre établi. Pourquoi ? Parce que Stelios avait décidé de viser systématiquement le besoin fondamental d'un important groupe de passagers : voler du point A vers le point B, sans chichis, en toute sécurité et fiabilité, et au meilleur prix. C'est en intégrant sans compromis ce principe dans son modèle d'entreprise qu'il a créé une nouvelle approche du marché, avec des niveaux de prix jamais vus. Ryanair est même allé plus loin. Cette compagnie va jusqu'à offrir des billets sur certaines destinations. Comment est-ce possible ? En analysant avec précision la source des flux financiers. Qui donc a avantage à ce qu'un maximum de passagers arrive au point B ? Les hôtels, les restaurants, les centres récréatifs, les magasins, etc. Ce sont ces intervenants qui subventionnent le voyage.

Un Abominable concurrent n'est pas qu'un nouvel arrivant. C'est un acteur économique qui modifie les règles du jeu, qui les bouleverse à un point tel que personne ne peut le négliger. Malheureusement, les entreprises établies portent en elle un héritage si pesant qu'elles ont bien du mal à copier rapidement le modèle d'entreprise de leurs abominables concurrents.

Nous ne manquons pas d'exemples pour illustrer ce point. Skype, par exemple, est à l'origine de l'explosion de la téléphonie sur Internet. Il y a plusieurs années, Dell s'est attaqué à l'ordre établi en modifiant complètement la logistique de l'ordinateur individuel et en permettant au client de configurer son PC lui-même. Si Dell, aujourd'hui, est leader du marché, il n'était au départ qu'un Abominable concurrent qui a modifié les règles du jeu (concept logistique et self-service). Nous connaissons également l'énorme impact d'Amazon.com et de Google.

La plate-forme eBay est un cauchemar aux conséquences particulièrement lourdes. EBay a transformé en profondeur le commerce de seconde main : l'ancien modèle B2C, où des entreprises jouaient le rôle d'intermédiaire entre l'acheteur et le marché, est désormais un modèle C2C, fondamentalement différent, avec des règles différentes et un modèle de rentabilité différent.

Attaquer ou se défendre ?

Ces abominables concurrents sont donc de dangereux assaillants. Ils sont littéralement votre pire cauchemar. Ils bouleversent la donne, et ils ne vous donnent ni le temps, ni la possibilité de réagir adéquatement. Bien des choses changent, mais une chose est sûre : ils vous attaquent sur le terrain de vos points faibles ou de vos possibilités inexploitées. Votre ventre mou, tel saint Georges avec le dragon. Devinez donc qui est le dragon…

Peut-être pensez-vous qu'en les voyant arriver à temps, vous pourrez y faire face. Mais est-ce bien le cas ? Demandez donc à une entreprise confortablement installée sur un marché « facile » d'élaborer une stratégie. Va-t-elle vous proposer une approche qui modifie les règles du jeu ? C'est bien connu, les généraux se préparent toujours à refaire la guerre

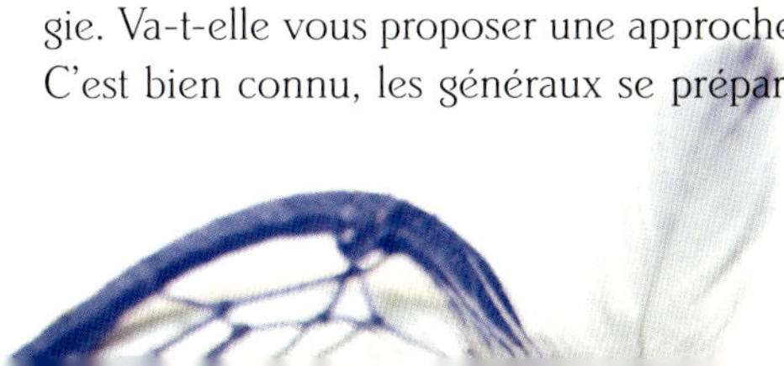

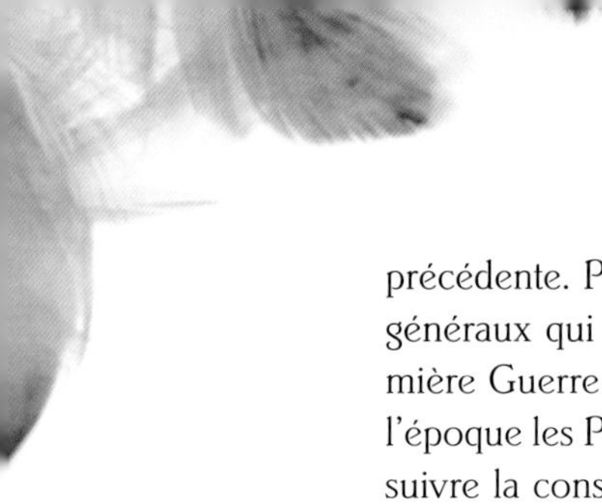

précédente. Pourquoi a-t-on construit la ligne Maginot ? Parce que les généraux qui avaient conçu la défense française avaient mené la Première Guerre mondiale, une guerre de tranchées. D'ailleurs, puisque à l'époque les Pays-Bas étaient restés neutres, il était donc inutile de poursuivre la construction de la ligne Maginot vers le nord. Le cauchemar, nous l'avons vu : une Blitzkrieg menée par des divisions blindées qui ont contourné la ligne Maginot. Pour une surprise, c'était une surprise…

Comment réveiller les généraux ? Comment les préparer à la guerre suivante ? Tant dans les entreprises que j'ai dirigées moi-même que chez mes clients, j'ai souvent observé que l'exercice suivant produit de bons résultats.

Démolissez-nous !

Commencez par concevoir un Abominable concurrent. Demandez aux stratèges, aux responsables de développement de votre organisation de le faire ; mieux encore, demandez à vos collaborateurs à « haut potentiel ». Cela vous apportera un regard neuf, et c'est d'ailleurs un exercice intéressant à intégrer dans un programme de perfectionnement des cadres. Bien entendu, il est toujours utile d'y faire participer un tiers extérieur qui veillera à l'efficacité de l'ensemble. Un tel exercice modifie sensiblement le mode d'élaboration de la stratégie de l'entreprise. En effet, la mission est la suivante : commencez par analyser les marchés, les tendances et le développement, les périls, les faiblesses... Ensuite, imaginez-vous que vous créez avec des moyens illimités une nouvelle entreprise qui va lancer une concurrence à mort sur votre propre marché. À quoi ressemblerait cette entreprise ? Vous n'êtes encombrés par aucune contrainte héritée du passé, vous avez toute liberté pour modifier les règles du jeu. Allez-y, démolissez-nous !

En général, la plupart des participants sont très motivés et travaillent avec plaisir au scénario de l'Abominable concurrent. Normal : l'exercice fait appel à leur créativité, à leur compétence et à leur connaissance de leur environnement. Au cours d'un sommet de deux jours organisé pour un grand groupe industriel sur le thème du redéploiement de leurs activités, nous avons demandé aux membres présents de la direction générale de créer un Abominable concurrent, histoire de créer un climat d'urgence. À l'issue du sommet, la direction générale avait invité les divisions du groupe à un atelier pour élaborer de nouveaux projets d'affaires. Lors de la préparation de l'exercice pour sa division, l'un des directeurs demanda, quelque peu préoccupé, jusqu'où nous allions pousser l'élaboration du scénario de l'Abominable concurrent. En réalité, pas très loin… mais cette question en a suscité une autre : ce concurrent inventé aurait-il constitué une menace sérieuse ? Si oui, peut-être une étude plus approfondie du scénario s'imposait-elle, plutôt que de l'enfouir au fond d'un tiroir ? Imaginez le remords si cet Abominable concurrent finissait par se profiler réellement à l'horizon…

Et maintenant, que fait-on ?

Que faire une fois qu'on a préparé ce scénario catastrophe ? Cela dépend de la situation. L'une des options, bien entendu, consiste à lancer soi-même l'Abominable concurrent. Et à l'implanter sur son propre marché, sachant qu'il risque bien entendu de cannibaliser l'entreprise mère, mais qu'il risque surtout de capter un volume d'affaires substantiel auprès des autres concurrents. L'Abominable concurrent peut également être lancé sur un autre marché géographique, où vous n'êtes pas encore actifs mais où d'autres concurrents (de préférence vos concurrents locaux) opèrent déjà. C'est la variante offensive. En cas de succès, cette formule peut être transposée sur le marché domestique.

Dans certains cas, l'exercice démontre clairement qu'un Abominable concurrent qui se lancerait sur le marché cannibaliserait à son profit une part tellement importante du chiffre d'affaires de votre entreprise que la captation de parts de marché des concurrents ne suffirait pas à compenser cette perte. Si c'est le cas, l'apparition de cet Abominable concurrent sur le marché n'est qu'une question de temps. Alors, que faire ? Prenez toutes les mesures préparatoires (même les plus chronophages) pour être prêt à le lancer vous-même, le moment venu. De cette façon, dès que le cauchemar commencera, vous serez armé pour contre-attaquer au plus vite et au mieux. En attendant, vous pouvez continuer à engranger votre rentabilité habituelle avec le modèle d'entreprise existant. C'est la variante défensive.

La troisième variante, également défensive, tombe sous le sens. Analysez les menaces que représente l'Abominable concurrent et intégrez des mesures défensives à votre modèle existant. S'il n'en existe pas, ou si leur effet n'est pas prouvé, il vaut probablement mieux opter pour une des deux autres variantes, plus prudentes.

Dans tous les cas, organiser un scénario catastrophe est très efficace pour renforcer votre vision stratégique. Cet exercice s'applique parfaitement dans le cas d'entreprises (encore) en situation de monopole, ou dans le cas d'entreprises leaders sur leur marché, surtout s'il s'agit d'un marché stable et rentable. Ne vous endormez pas ; l'ennemi veille. C'est cela, entreprendre dans un esprit de créativité, même par calme plat. En plus, cet exercice est une source d'inspiration pour les participants, sous la forme d'un délassement et non d'un travail.

Aussi paradoxal que cela puisse être, un bon cauchemar finit par garantir un bon sommeil.

To be and not to be

L'idée de l'Abominable concurrent comporte un deuxième degré. En réalité, ce que vous tentez de faire par le biais du scénario de l'Abominable concurrent consiste à vous échapper de votre propre paradigme, à vous dépasser. Toute entreprise a une identité, une culture, un modèle d'entreprise, un marché, une image, une perception de ce que sont ses clients et ses concurrents. Dans la pratique quotidienne, ça marche très bien : c'est cette constance qui permet d'agir efficacement. Mais elle porte en germe des effets pervers, à savoir une certaine rigidité, des schémas immuables, des réflexes conditionnés qui s'avèrent contre-productifs lorsque les circonstances changent. Le recours au scénario catastrophe vous aide à y échapper. Vous sortez un instant de votre « être » et vous créez de l'espace pour un nouveau paradigme. Nous appelons « entreprise consciente » celles qui réussissent le mieux cet exercice. Ce sont les entreprises de l'avenir.

Le mythe

On nous en rebat les oreilles. Tout le monde parle d'innovation. On crée des chaires de management de l'innovation, des livres sur l'innovation, des manuels d'innovation, des directions de l'innovation. Des collaborateurs sont acteurs de l'innovation. Et pourtant, on n'innove guère.
L'innovation est désormais un sujet de discussion universel et le premier point de discussion est celui de la définition même du terme. Qui innove, qui n'innove pas ? On en vient même à débattre de la concurrence dans l'innovation. Qu'est-ce que l'innovation ? Dans mon esprit, l'innovation n'est ni plus ni moins qu'une idée neuve mise en pratique avec un certain succès.
Certains jusqu'au-boutistes continuent à la définir sous l'angle de la nouveauté technique. Comme si l'innovation était réservée au monde de l'ingénierie. Bien sûr, les innovations nées dans les laboratoires sont bien souvent des nouveautés techniques. Ce sont des objets novateurs. Prenons l'exemple d'un moteur hybride : ce fut un jour une innovation, aujourd'hui mise en œuvre avec un certain succès. Les innovations techniques sont légion. Mais il existe un champ, bien plus large, d'innovations qu'il est impossible d'exprimer en termes de produits. Par exemple, des innovations d'ordre organisationnel ou sociétal. Au-delà de toute polémique sur la folie des grandeurs qui a touché l'émirat par la suite, la création d'une zone de libre-échange à Dubaï, par exemple, a eu un immense pouvoir d'attraction sur des entreprises internationales de tous types. Pourquoi est-ce Dubaï qui a eu cette idée et pas un autre État visant le

de l'innovation

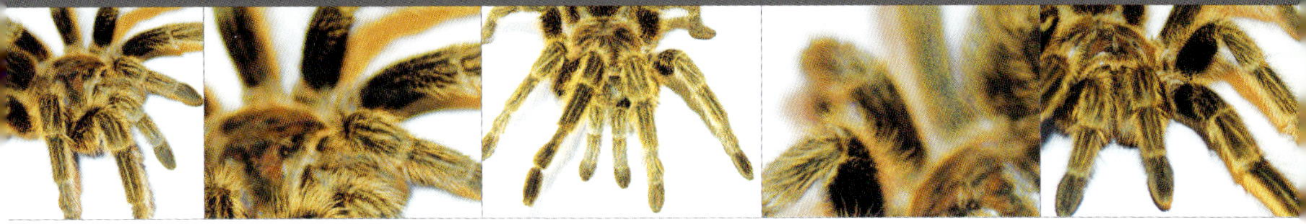

même objectif, à savoir attirer une activité économique ? À une certaine époque, les Pays-Bas ont mis en place une innovation d'ordre fiscal qui y a attiré des dizaines de milliers de sociétés holdings. Pourquoi un autre pays n'a-t-il pas su le faire ? Au début du Grand Siècle, les Pays-Bas ont imaginé une structure qui a permis de lancer d'importantes expéditions commerciales dans le monde entier : la première société anonyme jamais créée dans le monde, la Compagnie unie des Indes orientales (1602). Pourquoi aucun autre pays n'a-t-il su l'inventer ?

Une pépinière à risques ?

L'innovation existe dans de nombreux domaines. Pourquoi toutes ces divergences de vues à ce propos ? L'innovation est par essence une activité entrepreneuriale. Donc très risquée. Le NatLab de Philips affichait – et affiche probablement toujours – un taux élevé d'expériences ratées. Mais pour moi, le NatLab était une véritable pépinière d'innovation. De même que les Bell Labs et le Palo Alto Research Center. Il ne reste pas beaucoup d'environnements de ce type dans le monde. Des « ateliers » – ou des aires de jeux – où chacun peut se lancer quasiment sans retenue dans des expériences. Pour arriver à une innovation authentique. L'authenticité est un fondement essentiel de l'innovation. Même si, à mes yeux, imaginer une manière intelligente de combiner des éléments existants, c'est aussi innover.

Qui aura le culot d'innover ?

On peut même innover sans rien faire de nouveau. Simplement en copiant. Parce que ce qui se fait dans telle entreprise depuis des années – et qui n'est donc guère innovant pour elle – peut représenter pour telle autre un véritable changement de paradigme. Innover en copiant serait donc possible ? Absolument ! Lorsqu'une organisation modifie radicalement sa stratégie de vente, avec un impact énorme sur le marché, elle a bien mis en œuvre avec succès une innovation organisationnelle. Et pourtant, pour une autre entreprise, cette même modification n'aurait eu aucun impact parce qu'elle travaille déjà de cette manière depuis des années. L'innovation est donc bien un concept relatif. Quoi qu'il en soit, qu'elle soit technique ou non, sociétale ou organisationnelle, qu'elle porte ou non en germe un changement de paradigme, qu'elle soit entrepreneuriale ou non, l'innovation est peu fréquente. Pourquoi donc ?

Innover est difficile, ça fait peur. Innover exige de l'audace et de l'esprit d'entreprise, des qualités peu courantes.

Nous l'avons dit en préambule, dans la plupart des entreprises, les managers ont les mains liées par une quantité de règles pleines de bonnes intentions. Des règles, destinées à éviter que des escrocs disparaissent avec l'argent des actionnaires. Mais, en plus d'être inefficaces (nous en avons eu la confirmation éclatante avec la Société générale), ces règles donnent à tort l'impression qu'aucune dérive n'est possible tout en limitant radicalement la liberté d'action des managers – déjà peu entreprenants – en matière d'innovation.

Pourtant, parler d'innovation, écrire sur l'innovation comme je le fais ici, c'est à la fois très amusant et très facile. L'innovation en elle-même exige un environnement qui encourage l'audace. Donc des actionnaires qui privilégient non pas les règles et le contrôle mais le succès à long terme. Qui pourrait ne pas être d'accord avec cela ? Certainement pas les équipes qui donnent le meilleur d'elles-mêmes au quotidien alors que leurs administrateurs se complaisent, bien au chaud, dans le confort du contrôle !

Investissez !

J'estime qu'un manager soucieux de leadership et d'inspiration, avec une vision d'avenir, est capable de convaincre chacune des parties prenantes de son entreprise à quel point il importe d'investir massivement dans l'innovation. Je suis convaincu qu'un tel dirigeant peut même convaincre ses actionnaires d'accepter une année de pertes pour préparer un avenir plus brillant. À condition d'être porté par une conviction sincère et authentique et par une vision à la fois exacte et inspirante. Évidemment, ce n'est pas rien. Chacun des termes que j'aborde dans ce livre joue ici un rôle. Inspiration, authenticité, visionnaire, conviction, énergie et innovation : ils y sont tous. Après tout, ce n'est pas si difficile d'innover si les conditions sont réunies. Et confortées par une véritable liberté d'échouer. Des budgets relativement élevés, une vision forte, qui accepte les risques et autorise l'échec. Ce n'est *vraiment* pas rien. Pour un manager formé à éviter les risques, c'est un cauchemar. C'est donc tout simple mais il faut que les managers le vivent de l'intérieur. Sinon, il ne se passera strictement rien. Et il faut avoir les moyens de ses ambitions. Sinon vous n'irez nulle part, surtout si vous visez l'international ! Vous ne pouvez pas dire à un enfant d'aller s'acheter un vélo avec une pièce de 10 centimes !

L'échec est autorisé

L'innovation se cache parfois dans les endroits les plus inattendus. J'ai eu l'occasion un jour de m'adresser à une quarantaine de grands patrons néerlandais lors d'une conférence en France. J'y affirmais catégoriquement (peut-être trop catégoriquement) que la plupart des managers néerlandais n'innovent pas. J'avais touché une corde sensible chez plusieurs personnes de l'assistance, et en particulier chez le P-DG d'un grand groupe laitier qui, de retour aux Pays-Bas, m'invita à visiter son entreprise et ses programmes d'innovation. Il m'entraîna dans un immeuble placé un peu à l'écart, où on développait les produits les plus innovants. Avec la liberté d'échouer, mais surtout avec le souhait très vif de réussir. Mais oui, l'échec était bien toléré. Et le P-DG du groupe suit son bébé de très près, en personne. Il accorde le plus grand intérêt à ces innovations. Parce qu'il sait que c'est là, et uniquement là, que réside le véritable avenir de l'entreprise.

Combien d'entreprises ne sont-elles pas dirigées par des financiers, convaincus que le mode naturel de croissance consiste à en acquérir d'autres ? Une telle croissance n'est évidemment qu'apparente. Pour une entreprise, la seule manière de croître et de se développer véritablement consiste à s'adapter à ses marchés, qui évoluent à une vitesse ébouriffante, par de nouveaux produits et de nouveaux services, donc par l'innovation.

Une administration publique a réussi, l'autre jour, à me surprendre véritablement par le caractère extrêmement innovant d'une de ses initiatives. Chaque année, le patron de cette entité lance une initiative nouvelle qu'il loge dans un immeuble séparé. Avec un budget modeste et un objectif très clair. Ce qui m'a frappé, c'est que ce « rejet » innovant est explicitement autorisé à s'attaquer à sa propre entité mère. Le cannibalisme est

encouragé. Cela ne manque pas de causer une certaine panique au sein de l'organisation, mais le dirigeant bloque patiemment toute tentative visant à entraver les efforts de cette filiale innovante pour pénétrer le marché de sa « maison mère ». Ce dirigeant va jusqu'à se rendre personnellement, chaque jour, dans les locaux de cette filiale innovante. Je trouve extraordinaire cette initiative publique, émanant d'une entité publique qui, grâce à cette attitude innovante, se taille d'ailleurs d'importants succès à l'international.

Hélas ! face à l'énorme déficit d'innovation – voire même de culture de l'innovation – que l'on observe dans la plupart des entreprises aux Pays-Bas et en Europe, ces petits exemples instructifs d'innovations couronnées de succès font pâle figure.

Rayonnez !

Toute entreprise qui se respecte se doit de penser en termes d'innovation. Mais à bien détailler ce qui se fait réellement, à bien comparer le rapport entre les investissements en innovation et le chiffre d'affaires, un mot vient immédiatement à l'esprit : ce ne sont bien souvent que des projets cache-misère. Bien loin de cultiver l'innovation, les entreprises se contentent de sacrifier au besoin apparent d'innover. Cela peut sembler cynique, mais c'est surtout insuffisant. Pratiquer l'innovation dans une culture non innovante est tout simplement impossible. L'entreprise aura beau créer une direction de l'innovation, si elle ne suscite pas en parallèle l'environnement nécessaire pour accueillir ce département, cela ne marchera pas. Si elle veut continuer à croître à long terme, si elle veut survivre, sa culture doit être imprégnée du sens de l'innovation. Elle doit rayonner, encourager l'innovation à tous les niveaux, se refuser à sanctionner immédiatement l'échec, réagir de manière constructive aux idées nouvelles. Et éviter les réactions paperassières, l'ouverture de parapluies, dont le seul effet est d'encourager les collaborateurs à ne jamais plus lancer une idée neuve.

Une entreprise qui encourage l'innovation est aussi une entreprise où il fait bon travailler. Parce qu'une culture de l'innovation exige de la créativité, nécessite de l'entrepreneuriat et donne de l'énergie. Et une société

qui encourage l'innovation est bien plus agréable à vivre. Elle devient plus pétillante et plus enthousiasmante. Les Pays-Bas ou la France, par un programme d'investissements à grande échelle dans l'innovation, pourraient-ils devenir plus agréables à vivre ? Certainement.

Conclusion : pour faire véritablement renaître l'innovation, plusieurs déclencheurs sont nécessaires. Il y faut une vision, un rêve, une ambition. Il y faut aussi la liberté d'échouer, ce qui implique de renoncer à un certain contrôle. À nous d'oser le faire, même si c'est évidemment difficile. Tellement difficile que l'innovation est bien souvent réduite à son propre mythe.

Se lancer

Oser, persévérer

On me demande régulièrement à quoi on reconnaît un entrepreneur. À l'instar de nombreux auteurs, je considère moi aussi que la principale qualité de l'entrepreneur, c'est sa capacité d'ACTION. Je pense aussi que seuls les entrepreneurs savent qu'une deuxième caractéristique, encore plus cruciale, est indispensable pour réussir : la PERSÉVÉRANCE.

Depuis plusieurs années, je résume ma philosophie en cinq mots : Rêver, Réfléchir, Oser, Agir et Persévérer. Qui d'entre nous n'aime pas, à l'occasion d'un dîner entre amis, évoquer ses ambitions, tous ces projets qu'on aimerait réaliser. Écrire un livre, s'acheter une propriété au soleil, retaper une vieille ferme, créer une entreprise de cosmétiques ou lancer un grand tournoi de golf. Je pourrais citer encore un million de choses enthousiasmantes à faire, et en discuter entre amis pendant des heures, avant de me lancer. Ce stade du Rêve est très agréable, et le sera d'autant plus que vous le vivrez dans l'environnement où il pourrait se réaliser. Ainsi, profiter de vos vacances pour regarder les annonces des agents immobiliers est déjà un début de rêve. Pour bien des gens, pousser la porte et aborder l'agent immobilier, c'est déjà aller « un pont trop loin ». Quant à aller voir des maisons avec cet agent immobilier, c'est absolument impensable. C'est pourtant tellement agréable – et tellement facile – de faire progresser votre rêve de la sorte. Pour voir ce qu'on ressent.

Dans quel ordre ?

Vous pouvez également consulter un notaire et constituer une SARL, pour lancer plus tard l'entreprise dont vous rêvez. Là aussi, vous franchissez une étape. Mais après le rêve vient la réflexion. Réfléchir aux conséquences. Au moment d'écrire ces lignes, et de repenser à l'ordre des choses, je me dis qu'il vaut probablement mieux oser d'abord et réfléchir ensuite. Après tout, à force de réfléchir à votre rêve, vous risqueriez de découvrir tellement d'écueils que vous en resteriez là. L'être humain est ainsi fait qu'il imagine bien plus facilement les problèmes que les chances de succès. Pourquoi ? Je pense que c'est parce qu'il perd — nous perdons — notre faculté de jouer. Un enfant qui construit un château en Lego se sent un véritable chevalier. Et se sent « véritablement » un chevalier. Et ça, nous ne savons plus très bien le faire. Si nous caressons le rêve de créer une entreprise de cosmétiques d'envergure mondiale, il est très agréable d'y rêver. Mais dès que nous entamons une réflexion approfondie, nous soulevons — ou d'autres soulèvent — une ribambelle de problèmes qui nous coupent les ailes. Alors commençons plutôt par l'étape oser, d'accord ? Oublions un instant la réflexion, lançons-nous. N'importe quel projet. Pour un entrepreneur inexpérimenté, savoir dans quoi il se lance n'a pas trop d'importance. Vous avez un rêve, un vrai rêve. Un sentiment extrêmement fort, que vous faites peut-être taire depuis des années, mais que vous voulez réaliser. Peut-être rêvez-vous, depuis des années, d'ouvrir un magasin de fleurs, mais vous êtes bloqué par tous les problèmes que vous imaginez : risques financiers, le prêt hypothécaire qu'il faut continuer de rembourser, la peur de quitter votre emploi actuel, etc.

Mais alors, on ne se lance jamais ?

Il faut oser pour franchir cette première étape. Tout compte fait, oui, oser d'abord est probablement une bonne idée. Alors allez-y. Allez vous renseigner auprès de l'administration sur les autorisations qui sont nécessaires pour vendre des fleurs. Constituez votre société, créez un logo, démissionnez. Faites le premier pas. Comme au saut à l'élastique, où quand on fait un pas, aucune marche arrière n'est possible. On tombe, et c'est inéluctable.

Ce premier pas met généralement en branle un mécanisme irréversible. Il faut avancer. Le temps de la réflexion viendra plus tard. Attention, je ne plaide pas ici pour entreprendre de manière irréfléchie. L'entrepreneur expérimenté est plus futé que ça. Après tout, il a déjà franchi une ou plusieurs fois cette étape, toujours difficile, qui sépare l'idée ou le rêve de sa réalisation. Cette étape magique entre rêve et réalité. Certains trouvent leur rêve si beau qu'ils préfèrent ne pas le quitter. C'est ainsi que 99 % des rêves ne se réalisent pas. Après tout, c'est la phase la plus agréable, la plus sûre, et la plus innocente. On ne peut ni gagner ni perdre. Mieux si vous rêvez vraiment fort, vous arrivez gagner. En tout cas, dans vos rêves.

Mais l'entrepreneur expérimenté passe très vite à la phase de réflexion et transforme son rêve en un projet, soit dans son esprit, soit dans un business plan. Il ne se laisse pas effrayer si facilement par les difficultés. D'ailleurs, l'entrepreneur se fiche des difficultés. Il est souvent optimiste ou opportuniste au point de refuser de les voir. Les difficultés, il les résoudra bien lorsqu'elles apparaîtront. Parce que comme le disait ma grand-mère, rien n'est à craindre que la crainte elle-même. On peut imaginer des problèmes sans fin, qui ne se produiront probablement jamais. Et puis il y a les problèmes qu'on n'a pas imaginés, mais qui se produiront. Qui vivra verra !

Je vous encourage donc à oser plutôt qu'à réfléchir. Osez d'abord. Faites un premier pas et regardez ce qui se passe. Dans votre environnement et en vous-même. Créez un prototype et partez à la rencontre de clients potentiels. Car quel que soit votre rêve, c'est en sollicitant les réactions du marché que vous apprendrez le plus. Mais comme cette méthode est intimidante et que c'est nouveau, peu osent la mettre en pratique.

Comme si c'était vrai

Rêvez de toutes vos forces. Mais prenez immédiatement votre bâton de pèlerin et osez. Prenez votre rêve à bras-le-corps et allez sur le terrain. Collectionnez les réactions. N'ayez pas peur des réactions négatives ou de rejet. Si c'est le cas, cela suscitera quelque chose de nouveau. La réflexion, elle, viendra chemin faisant ; en osant, vous serez déjà dans l'action. En agissant, vous apprenez à entreprendre. Car dès que vous aurez fait les premiers pas, vous aurez mis le processus en branle. Et là, il ne vous restera plus qu'à agir.

Si beau qu'ait pu être votre rêve, la réalité est dure. D'où viennent toutes ces difficultés ? Sur papier, votre business plan est magnifique. Bien structuré, chapitre par chapitre. Les aspects budgétaires ont fait excellente impression aux banquiers. Tout a l'air parfait. Jusqu'à ce que vous soyez confronté à la réalité, parce que les projets ne se réalisent jamais tout à fait comme prévu. Les clients ont besoin de davantage de temps de réflexion, les autorisations sont accordées avec retard, les prototypes commandés en Chine sont retardés ou n'arrivent jamais. Des milliers de choses tout à fait imprévisibles surviennent et demandent qu'on s'y adapte. À peine avez-vous entamé l'étape de l'Action que les enquiquinements commencent.

Persévérer, toujours persévérer

La plupart des entreprises capotent au cours de leur première année. Elles s'arrêtent, elles font faillite, elles sont absorbées par une entité plus grande. Le rêve s'arrête net, pour une raison ou pour une autre. Mais il y a également des succès, qui sont presque tous le fait des entrepreneurs qui persévèrent. Qui continuent de croire à leur rêve. Qui se battent jusqu'à la fin. Épuisés, pleurant de fatigue, submergés par le doute, ils continuent. Pour un manager expérimenté, c'est presque incompréhensible. Pourquoi ne pas arrêter les frais, pourquoi ne pas limiter les risques ? À quoi bon hypothéquer encore plus votre maison pour obtenir ce petit bout de crédit supplémentaire ? Pourquoi ne pas éviter tous ces risques insensés et s'arrêter tout simplement ? Pardon ? Une hypothèque de second rang ? Quelle folie ! Jamais !

Et pourtant, pour l'entrepreneur qui croit à son rêve, la persévérance est la qualité primordiale. Continuer, toujours continuer. Dès la première année, ma toute première entreprise a connu des problèmes sans nombre, qui auraient en toute logique dû la faire capoter. Mais en y investissant 16 heures de travail chaque jour, sept jours par semaine, j'ai pu résoudre tous les problèmes, de sorte qu'à la fin de la première année, l'entreprise employait 10 personnes. Chaque année, il s'est produit des événements qui auraient pu l'achever. Combien de fois, vers le 20 du mois, me suis-je demandé comment j'allais régler les salaires ! Et pourtant, chaque mois, les salaires étaient payés. Parce que cette nécessité, ces règlements qu'il faut absolument effectuer, vous rendent créatif. Bien des experts du dimanche, banquiers, amis, comptables et autres conseillers, sont là pour vous encourager à limiter les risques, donc à critiquer votre persévérance. Bien sûr, tous ces conseillers ne sont pas des charlatans. Il arrive que la persévérance tourne mal et dégénère en un fiasco financier.

Pratiquement tous les entrepreneurs qui ont réussi ont traversé des phases de désespoir avant de connaître la réussite. La dernière biographie de Steve Jobs décrit le moment où il était presque en déconfiture. Ses deux entreprises, Next et Pixar, étaient au bord de la faillite. Lui-même avait presque épuisé toutes ses réserves. Et pourtant, pour une raison que le livre ne dévoile pas vraiment, il persévère. Et sa persévérance est récompensée. Une fois de plus, la persévérance pèse d'un poids décisif, même si elle aurait pu dégénérer et causer trois faillites. Persévérer, tout est là. Agir est facile, c'est la persévérance qui fait la différence.

Lancer sa boîte, ça fait peur !

À l'occasion de vacances en Nouvelle-Zélande, un de mes amis a décidé de sauter d'un pont. Attaché à un élastique, bien sûr. Je suis également monté sur ce pont pour voir si j'oserais l'imiter, mais j'en suis resté là. La planche d'où il fallait sauter était minuscule, et tout l'exercice m'a paru terrifiant. Après son saut, mon ami fut entouré par ses enfants, fiers de leur papa, criant qu'ils avaient trouvé ça très courageux de sa part. Puis ils m'ont demandé pourquoi je n'osais pas l'imiter. Je n'oublierai jamais sa réponse : « Leen fait des choses bien plus angoissantes : il crée des entreprises. »

Pour beaucoup, entreprendre, c'est terrifiant.
Entreprendre, qu'est-ce que c'est exactement ? Est-ce à la portée de tout le monde ? À mes yeux, le summum de l'entrepreneuriat, c'est la décision de créer sa propre entreprise avec son propre argent. Ce dernier point est particulièrement important. Rien de tel que de ressentir le risque de tout perdre pour vous inciter à des performances extraordinaires. Pour le véritable entrepreneur, ce n'est d'ailleurs pas vraiment un risque, car il est à ce point persuadé de son succès qu'il minimise le risque.

Retour à bon port

J'aimerais revenir à cette question de l'apport de fonds propres, qui me paraît primordiale. À l'époque de la folie des « dot.com », des milliers d'entreprises ont été créées avec des capitaux externes, provenant de sociétés d'investissement. On leur jetait pratiquement cet argent à la tête, et massivement. Or trop d'argent corrompt. C'était d'ailleurs très visible à cette époque. Beaucoup perdaient tout sens des réalités, au point d'oublier que gagner de l'argent, ça se fait chez le client. Lorsqu'on a des millions sur son compte en banque et qu'on peut obtenir des millions supplémentaires en un clin d'œil, le sens de l'urgence s'estompe. L'urgence d'aller faire des affaires chez le client. À cette époque, on a vu apparaître des milliers de pseudo-entrepreneurs. Des gens qui se croyaient entrepreneurs, mais qui se contentaient, en réalité, de jouer avec l'argent des autres. On ne percevait qu'assez peu, voire pas du tout, que ces capitaux devaient être restitués (de préférence majorés d'un bénéfice). Ce n'étaient donc pas de vrais entrepreneurs, mais des ersatz. Dès que la bulle éclata, ces pseudo-entrepreneurs furent les premiers à se mettre à l'abri à des postes salariés. Mais, regardez bien : on trouve ici et là des survivants, des entreprises qui sont sorties de la bulle Internet plus fortes qu'elles n'y étaient entrées et qui dominent aujourd'hui le marché. C'est là que se trouvent les vrais entrepreneurs.

D'abord, gagner des sous

Vu sous cet angle, entreprendre est effectivement un métier angoissant. Se demander comment on va payer les salaires en trois jours, par exemple. Se priver de salaire, pour pouvoir payer celui des autres. Dans ma toute première entreprise, je n'ai pas eu de rémunération pendant six mois parce qu'il me fallait payer le salaire de mes 10 collaborateurs. Je voulais surtout éviter toute inquiétude de leur côté, pour que chacun continue à se concentrer sur son travail. J'en ai été récompensé plus tard, d'ailleurs. Lorsque l'entreprise a renoué avec les bénéfices. Me passer de salaire m'est arrivé plus d'une fois. Tout le monde ne peut pas comprendre cette règle, que j'ai souvent appliquée, à savoir qu'on ne peut dépenser que ce que l'on a gagné. En effet, la plupart des gens recherchent la sécurité, et on peut difficilement leur en vouloir.

Les entrepreneurs sont des optimistes, c'est une certitude. Ils voient des opportunités que d'autres n'ont pas remarquées et se lancent avec enthousiasme dans l'aventure. Ce sont des fonceurs. Au Café du Commerce, les « entrepreneurs » se comptent par milliers. Sur 100 idées nées le long du comptoir, 90 sont oubliées le lendemain. Une dizaine d'idées dépasse ce stade, mais à peine trois ou quatre donneront naissance à une petite entreprise. Dont deux ne survivront pas. Ce que j'entends montrer par là, c'est l'immense différence entre Réflexion et Action. Des cinq éléments de ma philosophie (Rêver, Réfléchir, Oser, Agir et Persévérer), c'est le cinquième qui me paraît le plus important. Dès la création de l'entreprise, l'entrepreneur est confronté à des difficultés, à des hauts et à des bas. Comme ces salaires impossibles à régler, ces clients qui décident à la dernière minute de reporter leur commande, d'autres clients qui font faillite, des collaborateurs qui quittent l'entreprise. L'entrepreneur « pur jus » continue de croire à son idée et persévère. Continue de trimer et joue le tout pour le tout.

La Persévérance est donc l'un des éléments essentiels. Plus encore que l'Action, célébrée dans tant de livres déjà. Agir est la première étape, mais elle est relativement aisée. En tout cas, pour les personnes entreprenantes. Parce qu'il faut bien s'en rendre compte, pour beaucoup de gens, Agir est déjà un obstacle infranchissable. Entreprendre, c'est travailler avec optimisme, voire avec opportunisme, à la réalisation d'un Rêve. D'une passion. Une passion qui, bien souvent, n'a rien à voir avec l'argent. Ça aussi, c'est particulier. Je reste persuadé que la plupart des entrepreneurs qui réussissent ont commencé par croire à leur Rêve. Le Rêve de lancer un magasin de disques, le Rêve de créer un atelier de soudure, le Rêve de créer un PC accessible à tous. Réaliser un Rêve et en faire un grand succès, voilà ce qui motive l'entrepreneur. Et l'argent n'est rien d'autre que le mètre étalon de ce succès. Ce n'en est ni le but ultime, ni le moteur.

Revenons un instant à la période des dot.com et à la bulle qui s'en est suivie. Ils étaient nombreux, à l'époque, les pseudo-entrepreneurs en quête de fortune. Peu importe ce qu'ils devaient faire pour y parvenir. Il ne s'agissait donc plus d'un Rêve, mais uniquement d'argent. Je ne pense pas que vous puissiez devenir un entrepreneur accompli si votre ambition première consiste à gagner beaucoup d'argent. Si votre Rêve de créer une entreprise ne vient qu'en deuxième position. En revanche, je crois à la situation inverse. Avoir une superbe idée et la transformer en un énorme succès… qui vous amènera peut-être un bénéfice exorbitant. C'est totalement différent.

Tentez de tomber en faillite

Les entrepreneurs prennent des risques. C'est en tout cas ce que pensent les banques. Avant d'accorder un crédit, une banque préfère généralement attendre que l'entreprise tourne tellement bien qu'elle pourrait s'en passer. Ce n'est pas pour rien que les banques ont pour réputation de « prêter un parapluie par grand beau temps ». Les banques, quant à elles, ont un autre avis sur la question. Elles pensent sincèrement participer à la vie de l'entreprise et prendre des risques, elles aussi. Il faut bien admettre que le rôle des banques n'est pas d'entreprendre : après tout, elles travaillent avec l'argent de leurs clients. Et pour un véritable entrepreneur, travailler avec l'argent des autres n'est pas une bonne idée. Il préfère s'abstenir d'emprunter.

En revanche, prendre des risques, tout en sachant que bien des choses peuvent aller de travers, c'est inhérent à l'entrepreneuriat. Des 15 entreprises, grandes et petites, que j'ai créées, certaines sont devenues de véritables « success story », d'autres ont connu une réussite moyenne, et quelques-unes ont échoué. Ça arrive. C'est très instructif.

Aux États-Unis, avoir traversé une faillite est considéré comme une expérience positive. En Europe, c'est très différent. Et c'est dommage ! Car vivre une faillite, ou l'éviter de justesse, est extraordinairement instructif pour un entrepreneur. J'ai presque envie de vous dire : « Essayez, vous verrez ! » Pour savoir ce que l'on ressent, et en sortir plus fort face à l'adversité. Pour être mieux armé et ainsi, mieux Persévérer. Entreprendre s'apprend à force d'essais et d'erreurs.

Revenons à la peur : l'entrepreneur n'a généralement pas l'impression de faire des choses particulièrement terrifiantes, lui. Au contraire, il croit dur comme fer à son Rêve et voit clairement son objectif final à l'horizon. Il y va tout droit, sans compromission. Bourré d'énergie et de Persévérance. Optimiste, saisissant avec opportunisme toutes les occasions qui se présentent. Si ça ne passe pas par la porte, ça passera par la fenêtre, mais il continue. Et cette énergie est sans limite. Pendant les années de démarrage de ma première entreprise, je travaillais 7 jours par semaine, 365 jours par an. Je m'octroyais du temps libre le samedi soir et le dimanche soir, mais le reste du temps était consacré à l'entreprise. Pourquoi ? Parce que j'estimais que la seule chose dont je pouvais disposer gratuitement, c'était mon propre temps. Et je faisais donc tout, tout seul. Je me refusais d'acheter des compétences en marketing, aussi je développais moi-même mon dépliant et ma campagne. Je refusais de faire appel à un comptable, donc je faisais ma comptabilité moi-même. Je n'avais pas de vendeurs, parce que j'allais voir tous les clients moi-même. Autrement dit, je ne faisais que travailler, je n'étais jamais à la maison, et je me suis donc aliéné ma famille. Ce n'était guère brillant. J'ai donc changé de méthode. Rechercher l'équilibre s'apprend aussi. En passant par une faillite ou, en l'occurrence, un divorce.

Partager le succès

Les entrepreneurs travaillent souvent comme des bêtes. Mais tout l'art est justement de garder le sens des limites. De rester en équilibre avec vous-même et avec votre environnement. Cela magnifiera encore vos succès, parce que vous pourrez les partager. Avec vos proches, avec ceux qui vous observent dans votre rôle d'entrepreneur. L'énergie est donc la caractéristique fondamentale de l'entrepreneur. Une énergie puisée dans la passion, dans le Rêve. En vous-même, par conséquent. Et cette énergie, vous pouvez la communiquer à d'autres.

Entreprendre, ça fait peur ? Au contraire, entreprendre, c'est fun ! C'est vraiment le pied. Il y a pourtant bien, dans le fait d'entreprendre, des aspects que la plupart d'entre nous trouvent particulièrement terrifiants. C'est ce qui fait toute la différence entre l'entrepreneur et le non-entrepreneur.

Points clés à méditer

Entreprendre avec ses propres capitaux, c'est un peu comme sauter à l'élastique… sans élastique. L'entrepreneur est tout simplement persuadé qu'il atterrira en douceur. Dans ces conditions-là, entreprendre ne fait pas peur. En revanche, si vous doutez de cette possibilité d'atterrir en douceur, votre ressenti sera très différent. La plupart des gens préfèrent s'accrocher à un élastique aussi court et aussi solide que possible. Rien de mal à ça, mais c'est un autre type de *saut à l'élastique…*

Lancer sa BOÎTE ?

Mais c'est le pied !

Ce livre fait l'éloge de l'esprit d'entreprise. Ou serait-ce un éloge de la folie ? Pas besoin d'être Prix Nobel pour expliquer tout le plaisir qu'on peut éprouver à lancer une activité. Cela donne une liberté d'esprit phénoménale qui est parfois incompréhensible pour le reste du monde, plutôt enclin à prendre les entrepreneurs pour de doux dingues.

Entreprendre, c'est choisir. En toute autonomie, en toute indépendance. Choisir de prendre en main sa propre réussite. On entend ça partout, de nos jours : chacun est libre de ses choix. Et c'est parfaitement vrai – en théorie. Dans la vraie vie, c'est un peu simpliste de demander aux gens d'opter pour la liberté alors qu'ils sont pieds et poings liés à leur famille ou à leur prêt logement. Chacun est libre de ses choix, bien sûr. Mais bien des gens, qui aimeraient beaucoup vivre selon leurs choix, en sont incapables. Dans le cas de l'entrepreneur, c'est différent. Il a pris l'habitude de vivre selon ses choix. Il a pris l'habitude d'être jugé en termes de réussite ou d'échec. Et il l'accepte.

En 2000, j'ai créé, aux Pays-Bas, la société Escador, spécialiste du conseil informatique. En un rien de temps, elle comptait plus de 200 collaborateurs. À première vue, c'était une véritable pépinière d'entrepreneurs, et puis, la bulle Internet a éclaté. Dès les premières difficultés, le climat a changé. Certains ont commencé à chercher des responsables. Partout, sauf en eux-mêmes. Cette attitude, pour moi, est exactement aux antipodes de celle de l'entrepreneur. Quoi qu'il advienne, de bon ou de mauvais, il n'y a jamais qu'un seul responsable, l'entrepreneur lui-même. Pas de jérémiades. On retrousse ses manches, et au boulot. Mais j'étais sur le point de vous expliquer à quel point entreprendre est amusant, alors laissons là les « mauvais joueurs ».

Liberté, quand tu nous tiens...

D'où vient le plaisir ? Tout d'abord, d'un sentiment de liberté et d'indépendance. Très important. De la réussite financière, aussi, même si dans mon esprit, l'aspect financier n'est qu'une des résultantes du succès de l'entreprise. Quand un entrepreneur se lance à corps perdu dans la réalisation de son rêve, qu'il s'agisse de lancer un projet immobilier, de créer un restaurant ou de reprendre une boutique de mode, il est avant tout mû par le plaisir et par le souci de réussir. La réussite financière n'en est qu'une conséquence.

Je ne vois d'ailleurs pas, dans les circonstances actuelles, comment le P-DG d'une entreprise cotée en Bourse pourrait se comporter en véritable

entrepreneur. Entreprendre, c'est prendre des risques, et bien souvent des risques fous aux yeux d'un non-entrepreneur. Or, notre P-DG doit rendre des comptes à son conseil d'administration. Et les membres de ce conseil d'administration ne sont pas là pour s'exposer à des actions en responsabilité civile. Pas étonnant qu'il règne dans ces conseils une atmosphère d'aversion au risque. Pas étonnant, non plus, que bien des grandes entreprises se retirent de la Bourse.

Deux maîtres mots : liberté et indépendance. La liberté de choisir l'aventure, d'investir son temps et son argent dans ce à quoi l'on croit. Personnellement, c'est ce que j'ai fait, une quinzaine de fois jusqu'ici. Avoir une idée, y croire et transformer son idée en une entreprise. C'est addictif ! Partir de rien et convaincre un premier client, quelle sensation extraordinaire. Ma première vente ! Quelqu'un d'autre a cru à mon idée ! Génial !

Le début de la fin

Lorsque ma première entreprise a commencé à grandir, je me suis senti obligé de nommer un conseil d'administration. Je sais aujourd'hui qu'en agissant ainsi, je limitais ma propre liberté. L'étape suivante a été la nomination d'une direction – que dis-je, d'une équipe de direction. Deuxième limitation. En fin de compte, nous avons vendu l'entreprise à un nouvel actionnaire qui avait tout à dire. Liberté, liberté chérie, tu avais pratiquement disparu. Et ce fut le début de la fin. Un sentiment que j'ai ressenti bien souvent.

J'en suis persuadé : entreprendre, c'est jouer. Une des formes de jeu les plus abouties. Comme le disait Marshall McLuhan : « Lorsqu'une tâche implique l'homme tout entier, il n'y a pas travail. Le travail naît de la subdivision des tâches. » On me demande parfois combien d'heures je travaille par semaine. Généralement, j'ai envie de répondre que je ne travaille jamais. Mais je pourrais tout aussi bien répondre que je travaille tout le temps. Je suis toujours occupé à quelque chose, à entreprendre. Ça ne s'arrête pas quand je quitte le bureau. Ça ne s'arrête pas le week-end. Ma vie tout entière en est imprégnée, jour et nuit. Mon épouse vit d'ailleurs les choses de la même manière, et tant mieux ! Je me demande bien où serait le plaisir, si ce n'était pas le cas. Cela dit, est-ce que ce fonctionnement va parfois trop loin ? Sans doute. Un entrepreneur est souvent un égoïste, exclusivement préoccupé de ses propres idées. Mais enthousiaste, ça oui. Souvent, les enfants passent au deuxième rang. C'est d'ailleurs une des grandes difficultés : atteindre l'équilibre entre la famille et le « moi » entreprenant.

Oui, l'entrepreneur est un égoïste. Comment en irait-il autrement ? Toujours à s'occuper de son entreprise, de son rêve, de son ambition à réaliser ce rêve, il y aurait de quoi devenir égoïste, surtout aux yeux des autres. Est-ce amusant ? Ça l'est pour l'entrepreneur, qui y puise son énergie. Ça ne l'est pas toujours pour ses proches, qui ne reçoivent pas toute l'attention voulue. Jouer, toute sa vie, c'est fantastique. Et puis parfois, il arrive que vos propres idées vous rendent zinzin. Parce que ça n'arrête jamais, ça devient une scie. Parce qu'il n'y a jamais d'obstacle, jusqu'au jour où, subitement, il y en a. Les obstacles surviennent tout naturellement. Inutile d'en imaginer soi-même. C'est ce que j'appelle un opportunisme de bon aloi.

Êtes-vous bon perdant ?

J'ai été très surpris de m'entendre dire un jour que le mot « opportunisme » avait une connotation négative. J'avais toujours cru que saisir des « opportunités », saisir la chance qui passe, était une grande qualité. Un entrepreneur est quelqu'un qui voit les opportunités. Là où d'autres abandonneraient, l'entrepreneur continue d'avancer, encore et toujours. Jusqu'au bout. C'est ça, l'esprit d'entreprise. C'est en persévérant qu'il réussit, alors que les autres ne voyaient d'autre issue que l'échec. L'amusement, le jeu sont toujours présents. Entreprendre, c'est la liberté d'imaginer des choses qui peuvent apparaître « fantaisistes », étiquette souvent collée aux entrepreneurs. Cela dit, il n'est pas indispensable de passer par un acte de création pour entreprendre. De même, ce n'est pas parce que vous avez imaginé une nouveauté extrêmement créative que votre entreprise sera d'emblée florissante. L'entrepreneur, lui, saura trier parmi toutes ces nouvelles idées, y pêcher les bonnes et rejeter les mauvaises. Identifier l'idée qui a des chances de succès et celle qui n'en a pas. Et bien sûr, il se trompera parfois. On ne peut pas gagner à tous les coups. Mais si on est mauvais perdant, il ne faut pas jouer. Je le répète, entreprendre, c'est jouer. Et, quoi qu'il arrive, jouer, c'est toujours amusant, non ?

Où est le marché ?

En matière d'entrepreneuriat, le cas le plus bizarre que j'aie jamais vécu est celui d'un jeune homme qui, après avoir hérité d'un petit capital, voulait lancer sa propre entreprise. Pour son entreprise, il avait imaginé une excellente dénomination sociale, créé un superbe logo, cherché des bureaux qu'il avait meublés avec le meilleur goût et complètement équipé en ordinateurs et gadgets divers. À l'époque, je gérais ma petite entreprise depuis la coiffeuse de ma chambre à coucher, je vous laisse donc imaginer ma frustration. Quant à lui, il était fin prêt, il pouvait lancer son activité.

Quelques mois plus tard, quand je l'ai croisé à nouveau, la situation de son entreprise n'avait pas bougé d'un pouce. Mais qu'est-ce qu'il fichait ? C'est là que j'ai compris qu'il n'avait pas encore la moindre idée de ce qu'il allait faire. Tout était au point, sauf le marché. Il n'avait pas de clients. Je dois dire qu'il m'avait aveuglé avec tout son bling-bling. Du coup, je ne lui avais jamais demandé ce qu'il allait faire exactement. Après tout, il était terriblement occupé… à choisir, comme je m'en rendais compte un peu tard, les plus beaux meubles, le réseau informatique le plus efficace, etc. Mais tout ça, c'était le plus facile. Le plus difficile, à savoir se trouver un marché, il l'avait remis à plus tard, cela viendrait en son temps. Cette capacité à remettre au lendemain l'approche du marché est un phénomène relativement fréquent. Bien des créateurs, porteurs d'idées nouvelles, hésitent à se lancer sur le marché. Ils se contentent d'en parler, de former des projets, d'élaborer des plans financiers, de rédiger des brochures marketing. S'ils préparent bien tout ce qui tourne « autour » du marché, ils rechignent à mettre les pieds sur le terrain.

La leçon du camelot

Fréquentez-vous les marchés ? Si vous racontez cette histoire à un marchand ambulant, il n'y comprendra rien. Lui, il pense « marché », il rêve

« marché », il respire « marché ». Il vit au rythme de son marché. À l'autre extrême, vous trouvez l'entrepreneur ou le manager qui, lui, pense au marché sans jamais oser y pénétrer vraiment. Je ne pense pas que le marchand ambulant ait peur de son marché. Il n'est pas toujours d'humeur à se lever, parfois, il ronchonne à cause de la crise ou d'une recette décevante. Mais avoir peur de son marché ? Jamais. Il ne connaît que ça. Il *fait partie* de son marché. L'homme d'affaires néerlandais Hans Breukhoven, fondateur du groupe Free Record Shop, premier distributeur de CD/DVD et de jeux du Benelux, fut d'abord marchand ambulant. Quelle fantastique école ! Passer de l'étal de marché à la vente en magasin a dû être un grand pas à franchir. Mais disposer d'une telle connaissance du marché, quel atout !

Baser sa réflexion sur un marché qu'on connaît comme sa poche est effectivement un énorme atout. Le marché doit toujours guider votre réflexion, il faut toujours y revenir, c'est le secret de la réussite. Tout le reste n'est que fioriture. Le marché est le seul point de départ qui vaille. Le marché. Pas les bureaux, les brochures, les plans de bataille, les projets de recrutement et ces milliers d'autres détails de la gestion d'une entreprise.

Et qui a toujours raison ?

Quand j'étais à la tête d'une SSII à San Francisco, j'ai commencé par m'attaquer à résoudre l'extraordinaire imbroglio administratif dans lequel était plongée l'entreprise. Elle perdait de l'argent à un rythme effréné et personne ne savait comment mettre fin à cette hémorragie. Ces recherches et ces efforts de remise en ordre, entourés par les meilleurs cabinets d'experts-comptables aux Pays-Bas et aux États-Unis, coûtaient horriblement cher, en temps et en argent. Après quelques mois de travail, j'eus l'idée d'aller faire un tour chez les utilisateurs de notre logiciel, chez nos clients. C'était un peu tard, je l'avoue, mais mieux vaut tard que jamais. Tout d'abord, nous n'avions que peu de clients. Et si ces quelques clients n'étaient pas prêts à payer notre produit, c'était essentiellement parce que nos concurrents offraient l'équivalent, gratuitement, à l'achat d'un ordinateur. Constat accablant ! Ces rencontres avec nos clients, ces discussions sur les produits, furent pour moi la principale source d'inspiration pour la suite. Cela nous a permis de comprendre pourquoi nous nous trompions dans nos décisions d'investissement. Rencontrer les clients, parler de nos produits, c'est essentiel ! Un de mes managers me glissa par la suite qu'il avait sérieusement envisagé de barricader mon bureau pour m'éviter d'y retourner jamais. Cela m'aurait cantonné à l'extérieur, dans le marché. Parce que c'est là que tout se passe.

Imaginez la quantité de bureaux qu'il faudrait ainsi barricader. C'est qu'il y en a des gens à prendre par le fond du pantalon pour les envoyer sur le marché ! Nous avons récemment lancé un programme de développement au sein d'un grand groupe multinational. Un programme qui se veut centré sur le client, sur le marché. Sapristi, que c'est difficile à mettre en place ! C'est pourtant ce qu'on nous apprend, dans toutes les écoles de commerce, dans tous les MBA, de corrigés en études de cas : baser notre réflexion sur le marché. Malheureusement, tout cela se passe dans l'environnement feutré de l'école ou même de l'entreprise. Il est rarissime que de véritables clients y aient droit de cité. Or pour penser comme le marché, il faut s'installer en plein dedans. Comme le marchand ambulant.

Et ça, justement, c'est rare. Bien sûr, nous voulons bien centrer notre réflexion sur nos clients, mais de préférence depuis le confort douillet de notre entreprise. Vous comprenez tout de suite le problème : mener une réflexion sur le marché sans être *dans* le marché, vouloir ressentir le marché sans y mettre le nez. C'est l'un des principaux problèmes observés chez les entreprises dont la croissance est en panne.

Vous y êtes ?

Pour penser comme le marché, il faut s'y fondre. S'entourer de conseillers et de collaborateurs plus brillants les uns que les autres pour laisser vagabonder son imagination à propos du marché ne sert à rien. C'est très facile de se leurrer, de se convaincre qu'on est bien en train de consulter les clients. Mais sincèrement, je ne connais pas beaucoup de programmes de développement véritablement axés sur le marché.
À la longue, l'arbre vous cache la forêt. Mais où est-il, ce fichu marché ? Où donc est notre marché ? Eh bien, vous y êtes. En plein dedans. Mais vous ne le voyez plus. Le groupe Volkswagen a un jour demandé au

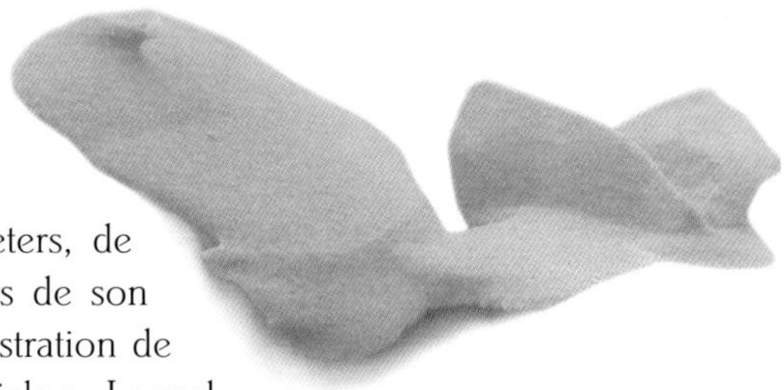

célèbre gourou du management, Tom Peters, de lui établir une stratégie commerciale. Lors de son premier entretien avec le conseil d'administration de Volkswagen, Peters posa une question cruciale : « Lequel d'entre vous a déjà vendu un jour une Volkswagen à un vrai client ? » Silence gêné. Aucun des membres du conseil d'administration n'avait jamais fait ça. « Dans ce cas, je reviendrai vous voir lorsque vous aurez tous vendu au moins une voiture. Je vous souhaite une bonne journée. » C'est à peu près comme cela que ça s'est passé. Le marché, toujours ce fameux marché. Combien de managers ont-ils déjà vécu l'expérience, ressenti ce que c'est que de vendre eux-mêmes un produit ou un service, entendu les objections du client, compris à quel point vendre est difficile ?

Vous connaissez sûrement la plaisanterie classique : « L'entreprise irait bien, s'il n'y avait pas ces enquiquineurs de clients. » Si c'est bien une plaisanterie, il ne faut pas en sous-estimer la portée cachée. Quand on n'aime pas entrer en contact avec eux, les clients sont des enquiquineurs. Sur le marché aux poissons de Seattle (voir page 102), je vous recommande d'aller voir les camelots vanter leur marchandise. Ce n'est plus un marché, c'est un cirque ! Du vrai spectacle : ils se trouvent au milieu d'un marché, et ils en savourent chaque instant, c'est l'autre extrême. Bien sûr, vendre ne plaît pas à tout le monde. Mais c'est vraiment trop facile de baisser les bras pour si peu.

Le marché, c'est moi

Un directeur financier m'a un jour expliqué qu'il ne voyait aucune raison pour participer à un programme de réflexion orienté sur le marché. « Après tout, argumenta-t-il, je n'ai rien à voir avec la clientèle. » Évidemment. Bien sûr. Il s'occupe de l'envoi des factures et traite les réclamations. Et pourtant, il est persuadé de n'avoir rien à faire avec les clients. Vous comprenez ? Dans une entreprise, que vous le vouliez ou non, vous avez toujours affaire au client. Dans une TPE, c'est le patron ou la patronne qui s'y colle. Deux associés auront beau se répartir les tâches, ils auront tous deux affaire aux clients. Et dans une entreprise de 200 000 collaborateurs… hé oui, il y a 200 000 personnes qui ont affaire au marché. C'est ainsi et ce n'est pas près de changer.

Mais où donc est le marché ? Il est partout, parce que le marché, c'est nous. Nous pensons le marché, nous ressentons le marché, nous rêvons le marché. Parce que le marché et nous, c'est la même chose. Ce n'est qu'ainsi qu'une entreprise peut véritablement construire son avenir.

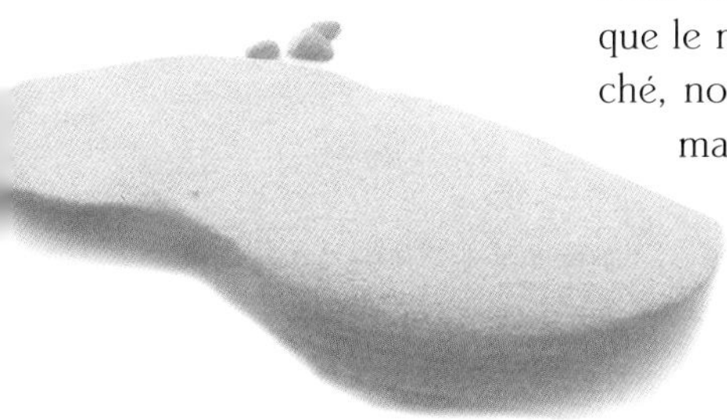

N'oubliez pas

le client

Alors que j'écrivais ce livre, je me suis rendu compte que j'oubliais un aspect essentiel : le client.
Beaucoup d'entreprises investissent une énergie folle dans des séminaires résidentiels, où on parle à longueur de journée des clients. On consulte sans cesse des consultants, on organise jusqu'à plus soif des sessions de planification, tout cela à propos des clients. Sur les clients, oui, mais rarement avec les clients. Pourquoi ? Demandez donc à des P-DG quel pourcentage de leur temps ils consacrent à rencontrer des clients : bien souvent, le chiffre avancé est si modeste que cela en est gênant. À bien y réfléchir, on se rend compte qu'on parle beaucoup plus *des clients qu'avec les clients*. Parce que ça, c'est difficile.

Enfermez-les dans votre base de données

Voilà plusieurs années, la société Siebel Systems lançait sur le marché informatique un tout nouvel outil de gestion des relations clients appelé Customer Relationship Management ou CRM. Ce système, extrêmement bien pensé, allait régler définitivement le problème des contacts avec la clientèle et de la gestion des clients. Et effectivement, en quelques années, les entreprises se sont empressées d'introduire par milliers leurs données clients dans des systèmes de ce type, espérant rétablir ainsi le contact avec leurs clients et mieux les servir.

Je pense qu'il s'agit là d'une des plus importantes erreurs de jugement de ces dernières années. Bien sûr, quand on a une clientèle extrêmement nombreuse, c'est utile de disposer d'un système d'enregistrement des données des clients. Mais croire que le contact avec la clientèle s'améliore avec la mise en place de systèmes CRM est une erreur fondamentale. Je suis intimement persuadé que de très nombreuses entreprises utilisent le CRM pour apaiser leur conscience, qui leur soufflait à l'oreille qu'elles négligeaient leurs clients. Qu'elles étaient en train de perdre leurs clients. Une fois de plus, on pense beaucoup à ces derniers, on définit beaucoup de choses à propos du client, mais pas avec lui.

J'ai eu l'occasion de visiter le siège de Siebel au cœur de la Silicon Valley. Détail frappant, à côté de l'entrée principale se trouvait un emplacement de parking réservé pour « l'employé du mois ». Nous, qui étions pourtant un client important, ne pouvions pas nous garer près de la porte d'entrée. Tous les emplacements étaient occupés, sauf celui de « l'employé du mois », manifestement absent ce jour-là. À tort ou à raison, compte tenu de notre importante contribution au chiffre d'affaires de la société, nous

nous sommes accordé le titre de « client du mois » et nous avons occupé l'emplacement libre. À la fin de notre visite, de retour sur le parking, nous nous sommes retrouvés nez à nez avec une personne passablement irritée. C'était le collaborateur du mois, titulaire du droit à se garer là, qui nous demandait qui nous pensions être pour oser le détrôner. Notre réponse prit par surprise ce collaborateur méritant, mais bientôt ébahi. « Nous sommes votre client, et c'est nous qui payons votre salaire. » Cet incident me semble révélateur de la mentalité de Siebel : on parle beaucoup du client, mais sans lui porter un intérêt véritable.

Un client en chair et en os

Le client. Bien des entreprises le voient comme un concept abstrait. Une collection de profils. C'est tellement plus facile, surtout quand on peut s'abriter derrière l'impossibilité pratique de les rencontrer tous, lorsqu'ils se comptent par dizaines de milliers. Et d'entonner le couplet sur la difficulté à les fidéliser. Des clients qui sentent –et donc savent – qu'un fournisseur ne leur porte aucun intérêt réel, n'ont aucun intérêt réel pour leur fournisseur.

Bien sûr, on en trouve encore, des petites entreprises qui parlent avec leurs clients, qui les connaissent vraiment. Votre boucher charcutier par exemple. Vous avez remarqué ? Il est souvent un peu plus cher que le supermarché. Et il peut compter sur une bien plus grande fidélité. À l'opposé, voyez donc un géant des télécommunications. Là, les débats portent avant tout sur la fidélisation des clients et sur l'érosion de la clientèle. Et on se plaint que la concurrence ne se fasse plus que sur les prix. Mais n'est-ce pas logique, quand c'est le seul élément de choix qui reste au client ? Si le fournisseur se fiche éperdument de connaître son client, pourquoi diable le client devrait-il savoir qui est son fournisseur ? Voilà un problème, un vrai, qu'aucun système CRM au monde ne pourra régler.

Lentement, très lentement, l'on observe de nouveau un certain intérêt à travailler réellement « avec » le client. À rétablir des espaces dédiés à « toucher » réellement le client. Après le démantèlement massif des réseaux d'agences bancaires, des magasins, des bureaux de service après-vente, etc., commence à réapparaître un mouvement basé sur le contact physique avec le client. Sentir le client, le voir, pouvoir lui transmettre une émotion et une énergie, voilà une des solutions au problème de la fidélisation. Car ce client s'intéresse à l'humain.

Au secours, un client !

Mais d'où vient donc cette aversion à travailler avec le client ? Je pense qu'elle s'explique notamment par la peur. Dans les entreprises, bien des collaborateurs n'ont pas en eux la fibre du contact avec le client ; c'est simple, ils n'aiment pas être en contact avec des clients. Il y a aussi un autre groupe de personnes qui ont en elles cette capacité de contact, mais qui ne s'en sont pas encore rendu compte. Et c'est peut-être bien le groupe le plus important.

J'ai récemment proposé au directeur commercial d'une grande entreprise un nouveau programme d'approche de la clientèle. Nous lui proposions d'envoyer ses techniciens à la rencontre des clients. Sa première réaction fut troublante : « Ça va nous faire rater des ventes. » Même s'il le disait sur le ton de la plaisanterie, il était parfaitement sérieux. C'est d'ailleurs une opinion extrêmement commune, qui veut que pour vendre quelque chose aux clients, il faut absolument leur envoyer des commerciaux. Vous savez pourtant comme moi qu'un client préfère de loin entendre l'avis de quelqu'un qui sait de quoi il parle plutôt que le laïus d'un vendeur aux cheveux gominés. Je l'affirme : le réparateur de machines à laver, qui rencontre des clients tous les jours, est beaucoup mieux préparé à vendre de nouvelles machines que le vendeur dans son magasin. C'est lui qui dispose de l'expérience pratique la plus crédible, c'est lui le meilleur vendeur. On m'a raconté un jour l'anecdote d'un musicien, qui était vendeur à temps partiel chez un important distributeur d'instruments de musique. Pourquoi ? Parce que avec l'expérience dont il disposait, les clients lui faisaient immédiatement confiance.

Quand je dois acheter une nouvelle voiture, je me fie bien plus volontiers à l'avis d'un ami qui s'y connaît en voitures qu'au baratineur qui m'accueille dans le showroom. Alors pourquoi oublions-nous tous ces réflexes de bon sens lorsque nous nous demandons comment approcher le client au mieux ?

Qu'est-ce qui ne va pas ?

Je vais vous citer quelques obstacles à la naissance du contact avec le client. Tout d'abord, la peur du refus. Quand nous voulons vendre quelque chose au client, il peut toujours refuser. Cette faculté de refus est une source d'angoisse qui tétanise de très nombreux vendeurs et les bloque derrière leurs bureaux. Cette angoisse du refus explique les nombreux

prétextes avancés pour éviter d'affronter le regard du client. C'est tellement plus sécurisant de travailler bien au chaud, à l'abri de son bureau, de préparer lettres, publipostages, dépliants, projets commerciaux plutôt que d'appeler le client et de s'entretenir personnellement avec lui.

Après la peur du refus, la peur des réclamations. Un client se plaint toujours de problèmes non résolus, des produits, de tout. Certains, en tout cas, le croient. Et cela les angoisse. Alors qu'un client qui réclame, c'est un client qui veut quelque chose, qui émet des signaux d'achat. Vous êtes en pleine conversation avec un client qui se plaint, et ce client qui se plaint veut quelque chose. Une merveilleuse occasion, à ne pas rater !

J'ai un jour organisé une conférence pour mes clients. En plus de rapporter quelques sous, c'était une bonne occasion de faire du marketing. Du marketing rémunéré, en quelque sorte. On se bousculait, c'était un grand succès. Mais le lendemain, je recevais un fax (les courriels n'existaient pas encore) d'un client très contrarié. Jamais, de toute sa vie, il n'avait assisté à une conférence aussi nulle. Il avait perdu sa journée et comptait bien nous renvoyer la facture dès réception. Pris d'une bouffée de colère, j'ai commencé à rédiger une réponse très irritée. J'allais lui montrer de quel bois je me chauffais. Réflexion faite, après quelques phrases, j'ai décidé de changer mon fusil d'épaule. En fin de compte, ma réponse commençait par ces quelques mots : « Cher client, je vous mets au défi. » Je lui proposais d'organiser à sa seule intention une nouvelle conférence d'une demi-journée dans nos locaux, et de répéter, rien que pour lui, le contenu du programme. Si, au terme de cette demi-journée, il était toujours convaincu que nous n'avions rien à lui offrir, nous annulions la facture. En revanche, s'il était satisfait, il nous réglait la facture rubis sur l'ongle. Et hop, j'ai envoyé le fax. À peine une heure plus tard, la réponse est tombée. Il manifestait sa surprise, un début de demi-satisfaction, et acceptait le défi. Quelques semaines plus tard, il passait l'après-midi dans nos locaux… et devint l'un de nos meilleurs clients. Un client qui se plaint est un client qui veut quelque chose, qui y a bien réfléchi, et qui est déçu. Il est bourré d'énergie, de passion, mais dans le sens négatif. Repolariser cette énergie est bien plus facile que la susciter. Un client mécontent et déçu est donc une excellente opportunité.

Qu'allais-je dire…

Après l'angoisse du refus et celle de la réclamation, n'oublions pas l'angoisse de ne pas savoir quoi dire à son client. Je me suis rendu compte

avec le temps que cette angoisse est bien plus présente qu'on pourrait le croire. Elle est intimement liée à l'idée – fausse – selon laquelle des personnes dotées de compétences techniques seraient moins bien équipées pour s'entretenir avec les clients qu'un vendeur. Or une conversation avec un client, c'est tellement facile quand on a appris à écouter. Le client s'exprime volontiers, quand on pose les bonnes questions. Quand on pose des questions inhabituelles, inattendues. Écoutez, et laissez le client parler. C'est plus facile, et en outre, c'est généralement ce qu'il préfère. Et en général, il n'est pas très difficile de déduire de ce qu'il raconte ce que le client veut vraiment.

Je pourrais citer encore d'innombrables autres obstacles aux contacts directs avec le client. Le plus fréquent, c'est probablement « pas le temps ». C'est un prétexte particulièrement usité dans les grandes entreprises. Plus on se trouve près du sommet de l'organisation, moins il y a de temps pour le client. Que c'est vexant !

Le client est prioritaire. Toujours. Tou-jours. C'est plus facile à dire qu'à faire. Tant de choses primordiales telles que les réorganisations, les réunions de travail, les consultations, les séminaires résidentiels, les formations, etc. nous empêchent de rencontrer les clients. Tout cela est tellement plus important que le client qui nous permet de gagner notre vie. L'« employé du mois », chez Siebel, avait oublié ce que c'est qu'un client, mais c'est très fréquent dans beaucoup de grandes entreprises. S'il est une règle d'or, c'est que *l'extérieur passe toujours avant l'intérieur*. On a toujours du temps pour un client. Non, pas demain. Maintenant. Où se situe le nœud du problème ? C'est bien souvent au sommet, du côté du management, qui devrait pourtant jouer un rôle d'exemple. Si on passe son temps à convoquer à tort et à travers managers et collaborateurs à des réunions, à tenir des délais et à compléter des systèmes CRM, le client, le vrai, tombe nécessairement en bas de la pile des priorités.

D'où le titre de ce chapitre ! En effet, en rédigeant ce livre, je me suis surpris à commettre moi-même la même erreur. J'étais tellement occupé à décrire des tas de choses plus intéressantes les unes que les autres que j'avais fini, l'espace d'un instant, par perdre de vue le client. Un instant, ça va, mais il faut veiller à ne pas oublier le client trop longtemps.

Points clés à méditer

Bien sûr, on n'oublie jamais « vraiment » le client. Ce que j'appelle « oublier » n'est jamais qu'une forme d'angoisse. Les gens, tout comme les entreprises, se cachent de leurs clients, ce qui ne fait que renforcer les peurs. Parce qu'ils ne savent pas vraiment ce que les clients font et ce qu'ils veulent. Dans de telles conditions, impossible d'avoir avec le client une relation agréable. Le client doit être lui-même une importante source d'inspiration. Il n'est rien de plus agréable que de développer de nouvelles choses avec un client. J'appelle ça la cocréation. On pourrait dire aussi : l'entrepreneuriat cocréatif. Chacune des parties s'inspire de l'autre. Et forge ainsi un lien particulièrement fort, qu'aucun pitch marketing ne pourra jamais égaler.

Dis donc
me faire

fiston, faudrait
lu chiffre !

Nous voulons de la croissance. La croissance du chiffre d'affaires et la croissance du bénéfice. Hélas ! trois fois hélas ! depuis plusieurs années, on se contente – à grande échelle – de rationaliser, d'économiser, de contrôler, de codifier, etc. La plupart des entreprises ne vivent pas du tout dans un climat propice au lancement de nouvelles activités. Elles vivotent généralement dans une atmosphère de conservation, et parfois même de déconstruction. En l'occurrence, rectifier le tir et revenir à l'entrepreneuriat ne sera pas facile.

Lorsque j'étais expert-comptable, la capacité des financiers à cartographier, contrôler, analyser le passé me perturbait prodigieusement. N'est-ce pas de l'avenir que nous voulons – que nous devons – nous occuper ? C'est une des raisons pour lesquelles j'ai abandonné cette profession pour me consacrer au lancement d'entreprises. Bien sûr, le contrôle financier est souhaitable et nécessaire. Mais il ne doit pas devenir prépondérant dans la gestion de l'entreprise. Or c'est justement ce qui se passe dans bon nombre d'entre elles. C'est peut-être compréhensible, mais c'est mortel pour l'entrepreneuriat.

Faire du chiffre

C'est de notoriété publique : quand un manager veut améliorer sa marge, il réduit les coûts. C'est généralement efficace, surtout au début, mais c'est un processus qui a ses limites. L'entrepreneur, lui, quand il veut augmenter ses bénéfices, il pense d'abord à augmenter son chiffre d'affaires.

Dis donc, fiston, faudrait me faire du chiffre ! Si je me permets ce ton quelque peu provocant, c'est que l'on sous-estime trop souvent l'ampleur du revirement nécessaire pour transformer une entreprise soumise depuis des années à des mesures d'économie (et qui vient de découvrir qu'elle en a atteint les limites) en une entreprise qui accroît son chiffre d'affaires. Seule une entreprise qui s'échine à augmenter son chiffre d'affaires a une chance de survivre. L'entreprise qui espère survivre à coups de mesures d'économie et de contrôle n'a pas l'ombre d'une chance.

Vous reprendrez bien un peu d'élixir de croissance ?

Bon. D'accord. Nous avons donc dit : du chiffre. Accroître le chiffre d'affaires. Comment faire ? J'aimerais insister sur le clivage culturel qui existe entre le style gestionnaire, à orientation financière, et le style entrepreneurial, à orientation créative. Ces deux orientations sont aux antipodes l'une de l'autre.

L'idée consiste à créer des groupes créatifs dans l'entreprise, sans pour autant relâcher la maîtrise des coûts. Ce serait trop demander, et ce serait dangereux. Première étape, donc, les personnes qui constituent l'entreprise. C'est elles qu'il faut inciter à réfléchir à des possibilités de croissance. Auprès de clients existants, de préférence. Même si, depuis des années, ces collaborateurs sont sensibilisés à la maîtrise des coûts et que le dynamisme ou l'audace de présenter des idées nouvelles ont disparu pour ne pas revenir de sitôt.

D'autre part, il est primordial que le top management montre, en paroles mais surtout en actions, sa détermination à chercher cette nouvelle croissance, en donnant l'exemple. En ouvrant un espace de tolérance pour le chaos et l'échec. Parce qu'il faut bien l'admettre, accroître le bénéfice en augmentant le chiffre d'affaires est autrement plus difficile qu'accroître le bénéfice en réduisant les coûts.

Si j'avais un pied-de-biche…

L'intérieur et l'extérieur. Voilà encore une de ces distinctions importantes dont il faut bien mesurer l'incidence. Les mesures d'économie et de contrôle des coûts touchent exclusivement l'intérieur. Bien au chaud, à l'abri des murs de l'entreprise, parler, parler et encore parler pour développer ces superprojets qui vont sauver l'entreprise. Toutes ces actions viennent de l'intérieur : centraliser les achats, licencier du personnel, rationaliser, externaliser les services fonctionnels, décider des investissements à long terme, etc. : tout cela vient de l'intérieur et n'a généralement rien à voir avec l'extérieur.

À l'extérieur, il y a le marché. Pour cela, vous devez prendre la porte, sortir, monter dans votre voiture, et aller à la rencontre de votre client. Ça, c'est vraiment difficile. Parce que ce client ne voit en vous, depuis des années, qu'un fournisseur qui rationalise, qui s'intéresse peu à lui, le client, parce que l'intérieur passe avant l'extérieur. Le revirement que nous voulons susciter en nous orientant sur la croissance aura donc une incidence énorme sur les collaborateurs, mais aussi sur le client. Cela fait déjà deux camps à convaincre qu'il va vraiment se passer quelque chose. Annoncer au client que désormais, « le client sera au centre de nos préoccupations » risque de déclencher l'hilarité. Et l'incrédulité. Peut-être l'un ou l'autre client particulièrement gentil et bien luné se laissera-t-il convaincre... Mais c'est bien aux initiateurs du revirement intérieur/extérieur qu'il incombera non pas de dire, mais de montrer aux collaborateurs et aux clients, en toute sincérité, que les choses vont vraiment changer.

Chouette, nous allons donc faire quelque chose. Aïe. Voici notre premier obstacle : la structure de notre organisation. Depuis des années, nous l'avons recadrée, bétonnée, dans le plus pur respect de la réglementation et de la législation. Nous sommes définitivement à l'abri de la fraude. On a construit ainsi une apparente sécurité. Tous les collaborateurs ont suivi des séminaires de formation. Mais l'édifice tient debout. Et c'est ce moment-là que nous choisissons pour tenter d'amener les collaborateurs et les clients à entreprendre ensemble. Et donc à les convaincre de changer leurs habitudes. De s'écarter de la structure, de l'organisation, des produits existants. De se montrer plus ludiques et plus créatifs. D'être plus courts sur la balle face au marché. Et donc de ne pas attendre la trente-huitième signature indispensable pour pouvoir expédier une offre. Comment procéder ?

Montrez-moi ce que vous avez dans le ventre

Si j'ai choisi délibérément le titre « dis donc, fiston, faudrait me faire du chiffre ! », c'est qu'on croit trop souvent qu'un objectif de croissance s'atteint aussi facilement qu'un objectif de réduction de coûts. C'est là une erreur de jugement fondamentale. Créer une culture qui encourage l'entrepreneuriat créatif, qui permet de réaliser des choses habituellement interdites, qui tolère parfois le chaos, où l'on défie aussi l'impossible est un exercice particulièrement difficile qui exige temps et courage. Et qui demande aussi des preuves, des preuves, des preuves. Je pense que basculer vers l'extérieur une culture d'entreprise tournée vers l'intérieur est avant tout un processus basé sur des manifestations tangibles. Documents, directives et instructions ne servent à rien. Les gens demandent des preuves, ils veulent voir. Les clients veulent voir que quelqu'un traite directement leur question ou leur problème ; les collaborateurs veulent voir qu'ils peuvent investir du temps dans des projets axés sur la clientèle même si la rentabilité n'est pas nécessairement immédiate. Dans cette migration de l'interne vers l'externe, voir et ressentir, en vrai, physiquement, est extrêmement important. Au diable les mots, des actes ! Après tout, dans une culture d'entreprise tournée vers l'intérieur, les actes ont généralement été bien visibles aussi. Ce n'est donc pas l'énergie qui manque. Ce qui paraîtrait louche, c'est qu'un dirigeant d'orientation financière qui vient à peine de parachever sa structure de contrôle financier, prêche tout à coup un message totalement différent. C'est *possible*, bien sûr, mais ça paraît bizarre. Avec ce que nous savons sur l'authenticité et la véracité, nous savons qu'une organisation perçoit instantanément si un message de changement est sincère. Les clients aussi. Et donc, ça part nécessairement en quenouille.

Supposons que nous soyons sur la bonne voie. Notre communication à l'intention des clients et des collaborateurs a été bonne, et nous avons réussi à introduire une certaine flexibilité dans l'entreprise. Nous pouvons maintenant commencer à faire du « chiffre », à nous développer. Nous pouvons d'ailleurs l'acquérir (en reprenant des entreprises). Sauf que ça paraît cadrer davantage avec un processus à orientation interne, parce que après l'acquisition viendront l'intégration, des économies, etc. C'est un processus auquel nous sommes habitués. Cette croissance par acquisition, par opposition à une croissance organique, semble tellement plus facile. Mais lors d'une fusion, l'anguille sous roche est justement l'intégration des cultures. Bien des organisations nées d'une succession de fusions restent un chapelet de cultures. Il n'est pas dit que cela soit sans valeur pour l'actionnaire, bien sûr, mais ce n'est pas nécessairement drôle pour les collaborateurs. Cela dit, il existe également des modèles de croissance par acquisition largement couronnés de succès, comme le prouve le groupe Air France-KLM.

Une nouvelle activité doit toujours être orientée vers le client. Mieux, elle doit être pilotée par le client. C'est au client de déterminer ce qu'il veut. Et c'est à nous de l'écouter. C'est là qu'est la clé. Une fois de plus, c'est difficile, parce que les organisations orientées vers l'intérieur ne sont généralement pas habituées (ou formées) à écouter. Alors que le client, lui, montre naturellement et automatiquement ce qui va se passer. Au bon entendeur, il montre des formes d'activités nouvelles. Pour lancer le processus de création d'activités nouvelles, il faut donc lutter contre l'inertie. C'est un processus souvent cahotant, jalonné de succès et d'échecs, et il est important que tous, dans l'entreprise, participent tant aux uns qu'aux autres. Tout comme il importe de montrer que l'entreprise accepte l'échec. Bien souvent, expliquer à votre client que vous ne savez pas trop comment vous y prendre pour le satisfaire est un puissant outil pour l'amener à collaborer. Parce que le client, lui aussi, préfère de loin un fournisseur qui tente vraiment de l'aider.

Couvez votre bébé

Accompagner très attentivement les premiers projets induits par les clients qui sont susceptibles de générer un chiffre d'affaires est essentiel. Tant du côté du client que du côté du prestataire. Je ne saurais assez vous encourager à assurer un suivi jaloux et à apporter un soin exagéré au déroulement du processus. En effet, tout cela est très nouveau et chaque entreprise porte en elle des « anticorps » capables de s'opposer à ces nouveaux projets, si fragiles. Nous devons en avoir conscience pour mieux les combattre.

Apprendre à marcher, lentement, étape par étape. C'est cela, le processus créatif qui va vous amener de nouvelles affaires, du chiffre. Quitter l'horizon intérieur pour un horizon extérieur. Déplacer l'attention et la porter non plus sur les coûts mais sur le chiffre d'affaires. Franchement, faire du chiffre, ce n'est pas facile.

Points clés à méditer

La cocréativité, c'est collaborer avec ses clients, de manière créative, au développement d'activités nouvelles. De cette manière, c'est le client – et non des projets concoctés en interne – qui pilote le processus de changement. Cela vous permet de travailler depuis l'extérieur à transformer l'organisation de l'intérieur, avec l'aide des clients. C'est ce que j'appelle l'entrepreneuriat cocréatif. Le client apprend à vous connaître, votre relation gagne en transparence, en intimité, et le client se sent davantage impliqué, dans un esprit d'entrepreneuriat cocréatif et d'innovation pétillante.

Manager
ou entrepreneur ?

Après mes études de gestion, mon grand-père, entrepreneur pur jus, me conseilla de ne surtout jamais lancer ma propre boîte, mais de rester au contraire le plus longtemps possible au sein du groupe Philips qui venait de m'engager. À ses yeux, le fait que Philips, l'un des plus prestigieux employeurs du pays, m'ait engagé était en soi une remarquable réussite. À l'époque, je n'ai rien compris à son conseil. À mes yeux à moi, le sommet de la réussite, c'était de devenir entrepreneur. La vie est ainsi faite…

Qu'y a-t-il donc de si particulier au fait d'entreprendre ? Pourquoi tant de managers se vexent-ils quand je leur explique qu'ils ne sont pas des entrepreneurs ? Pourquoi cette qualité d'entrepreneur, de créateur d'entreprise, leur tient-elle tant à cœur ? Est-ce que ça en « jette » davantage d'être entrepreneur que d'être manager ? Ou est-ce du pareil au même ? Pour moi, c'est très différent. J'ajoute qu'il existe encore d'autres catégories, celle des managers entreprenants ou celle des entrepreneurs managers – cette dernière, d'ailleurs, nettement plus difficile que la première. Car je continue de voir une différence de taille entre entrepreneurs et managers. Dans la toute première entreprise que j'avais lancée, j'ai un jour engagé un directeur adjoint. Je l'avais engagé alors que mon entreprise venait de clôturer sa première année et affichait une certaine stabilité. Il quitta son emploi pour venir chez nous. Je n'oublierai jamais nos discussions enflammées – disons le mot, nos disputes – sur la notion d'entrepreneuriat. Il se considérait comme un entrepreneur, alors que je le voyais, tout au plus, comme un manager entreprenant. Il estimait avoir pris des risques en venant travailler chez nous, alors que j'estimais à ce moment-là que le risque avait disparu depuis longtemps. Malgré une certaine futilité, ce débat ne manque pas d'intérêt, d'une part parce que voilà quelqu'un qui, de toute évidence, souhaite à tout prix être entrepreneur, mais surtout parce que voilà deux perceptions très divergentes du risque. Et je voudrais m'appesantir quelque peu sur ces risques. Avant de poursuivre, je dois signaler, pour être tout à fait honnête, que ce directeur adjoint a lancé par la suite sa propre entreprise. C'était un entrepreneur, finalement…

Un bisou pour le fonctionnaire

Le risque est un élément important de la vie de l'entrepreneur, mais c'est surtout une notion très relative. Ce que l'un considère comme un risque énorme n'a aucune importance aux yeux de l'autre. Le premier ne lancera pas un nouveau produit sans étude de marché préalable, l'autre le fera « à l'instinct », bien plus rapidement, donc avec un risque d'échec.

Si tant est que la sécurité qu'offrent les études de marché soit autre chose qu'apparente.

Ma toute première entreprise, Bolesian, opérait dans le domaine de l'intelligence artificielle. Nous avions élaboré un business plan succinct et avant de nous lancer vraiment, en 1986, nous voulions réunir quelques capitaux, de l'ordre de 40 000 €. Nous avons donc sollicité plusieurs capital-risqueurs. Si ce métier n'existait pas vraiment aux Pays-Bas à l'époque, il y avait bien quelques entreprises disposées, de temps à autre, à débloquer du capital-risque – à une condition, toutefois : qu'il n'y ait aucun risque.

Chez tous nos interlocuteurs, les négociations achoppaient parce que nous ne disposions pas d'une étude de marché évaluant la cible que nous souhaitions toucher. Or le problème, c'est que ce marché, justement, n'existait pas encore, même si nous étions convaincus qu'il ne manquerait pas de naître (ce qui s'est d'ailleurs révélé exact par la suite). L'inexistence du marché rendait le risque inacceptable aux yeux des banquiers. Et il était donc rigoureusement impossible de lever des fonds. En fin de compte, c'est un fonctionnaire de la municipalité voisine qui a eu foi en nous. Il nous a crus. Il a même cru en nos qualités d'entrepreneurs. Nous avons constitué la société et l'avons enregistrée dans sa commune – assurant du même coup à la municipalité un excellent retour sur investissement puisque la société Bolesian, intégrée ultérieurement au groupe Capgemini, occupe plusieurs dizaines de personnes.

Risque et entreprise sont indissociables, voire presque synonymes – surtout aux yeux des non-entrepreneurs. Les managers, généralement, tentent d'éviter les risques, ou en tout cas de les minimiser.

On recherche : entrepreneur intrépide

Comprenez-moi bien : je suis un grand fan de bons managers. Pour moi, ils mettent de l'ordre dans la pagaille que je crée à leurs yeux. Je dirais même dans le chaos que je crée à leurs yeux, le chaos que créent tous les entrepreneurs. Toujours à combattre les problèmes qui surviennent. C'est ça, un entrepreneur, quelqu'un qui crée du chiffre d'affaires, de la croissance, même dans des environnements où d'autres ne voient aucune opportunité. Or la croissance est essentielle, quelle que soit l'entreprise. Là où un manager améliore le bénéfice en réduisant les coûts, un entrepreneur améliore le bénéfice en augmentant le chiffre d'affaires. Et rappelons-le une fois pour toutes : faire progresser le chiffre

d'affaires n'est pas chose facile, surtout dans un marché qui stagne. Cela exige de l'audace et une puissance visionnaire, bref, de l'esprit d'entreprise. Et ce n'est pas donné à tout le monde.

On entend parfois qu'on ne trouve pas d'entrepreneurs dans les entreprises parce que celles-ci leur laisseraient trop peu de liberté d'entreprendre. C'est un peu court. Je suis convaincu qu'un entrepreneur peut survivre ailleurs que dans sa propre entreprise, qu'il existe des entrepreneurs parfaitement capables de survivre un certain temps dans une grande entreprise. Mais un véritable entrepreneur ne passera pas toute sa vie professionnelle au sein d'une multinationale telle qu'IBM, par exemple. Il faut être un manager, certes entreprenant, pour en être capable. Dans une grande entreprise, rigoureusement ordonnée, les caractéristiques de l'entrepreneur que sont l'opportunisme, le cran, la prise de risques, le choix d'investir ses propres capitaux et de recueillir soi-même les revenus de son audace, ne trouveraient pas à s'exprimer. Certaines grandes entreprises s'efforcent pourtant d'attirer des entrepreneurs et de les fidéliser. Dans les années 1980, on appelait ça *l'intrapreneuriat*. Entreprendre au sein même de l'entreprise. Cela m'a toujours posé un problème, à savoir que ces entreprises éprouvent d'énormes difficultés à prendre des risques. En outre, il est toujours difficile de permettre à ces entrepreneurs de bénéficier du fruit de leurs actions. En un mot, c'était de l'entrepreneuriat au rabais, ce n'était pas réaliste.

Les entrepreneurs prennent parfois des risques insensés, en tout cas aux yeux d'autrui. Or, à leurs propres yeux, ces risques sont généralement calculés, parce qu'ils savent où ils vont. Mais calculés ou insensés, ces risques sont inacceptables pour les grandes entreprises qui privilégient l'intrapreneuriat. Lorsque nous avons vendu Bolesian à Capgemini, nous avions une petite filiale à Boston. L'effectif était très limité et la filiale était rentable. Un jour, le patron de Capgemini me chargea de la liquider. Lorsque je lui ai demandé pourquoi, il répondit : « Parce que. Et à propos, c'est moi le patron. » Apparemment, le risque était devenu trop élevé. J'ai fermé la filiale, puis j'ai remis ma démission. On me rognait trop ma liberté d'entreprendre.

Le couple parfait ?

Lancer une affaire ou gérer une affaire : ce sont là deux rôles fondamentalement différents et pourtant indissociables. En outre, ce sont des rôles conflictuels. L'entrepreneur est généralement un solitaire, un égoïste, un casse-pieds, un dictateur, un fantaisiste, un rêveur et un battant, alors que le manager est davantage un équipier, un organisateur, un planificateur, un réaliste et un gestionnaire de risques. Mais au plus haut niveau, ils ont des points communs. Ils savent enthousiasmer les autres, ils savent diriger, ils savent se battre et, quand tout va bien, ils ont souvent les mêmes objectifs. Ils peuvent donc très bien s'entendre. Mais un jour ou l'autre, ils se retrouvent en situation de conflit. C'est pour ça que dans la plupart des entreprises et des organisations, il est rare de voir les deux profils simultanément au sommet. L'entrepreneur et le manager restent deux catégories d'humains difficilement conciliables. Et pourtant, les deux sont nécessaires, parce que l'entreprise veut croître, évidemment, mais sans perdre la maîtrise de l'ensemble.

Ce qui m'étonne, en revanche, c'est que des entreprises confrontées à une stagnation du chiffre d'affaires ne fassent pas davantage appel aux entrepreneurs pour assurer leur croissance. Il est très rare qu'elles recrutent des entrepreneurs et qu'elles en tirent profit en les installant dans un environnement distinct de l'entreprise, tant sur le plan physique que sur le plan organisationnel. Pourtant, les entreprises confrontées à des marchés stagnants ne manquent pas… Elles essaient de dissimuler la situation, en optimisant la gestion des coûts, ce qui maintient le niveau des bénéfices. Mais elles n'osent pas prendre des risques, même limités, à leur propre périphérie. Ou alors, elles confient leurs initiatives nouvelles, censées générer du chiffre d'affaires supplémentaire, à des managers qui se trouvent justement être disponibles à ce moment. Et qui se trouvent disponibles, bien souvent, faute d'être les meilleurs. Rares sont les entreprises qui osent confier à leurs meilleurs éléments les projets les plus risqués. Ce n'est pas pour rien que je place ces projets de croissance à la périphérie de l'organisation. Vraiment à côté. Voire carrément à l'extérieur, ce qui est encore la solution la plus sûre. À condition toutefois que la maison mère accepte le risque d'être cannibalisée. Dans cette course au chiffre d'affaires, tous les coups doivent être permis.

À la périphérie

Voir des entreprises placer ainsi des entrepreneurs en première ligne est extrêmement rare. Voyez le groupe américain Cisco, qui a connu une croissance très rapide en rachetant d'autres entreprises en série, année après année. En réalité, les manifestations d'entrepreneuriat, c'est

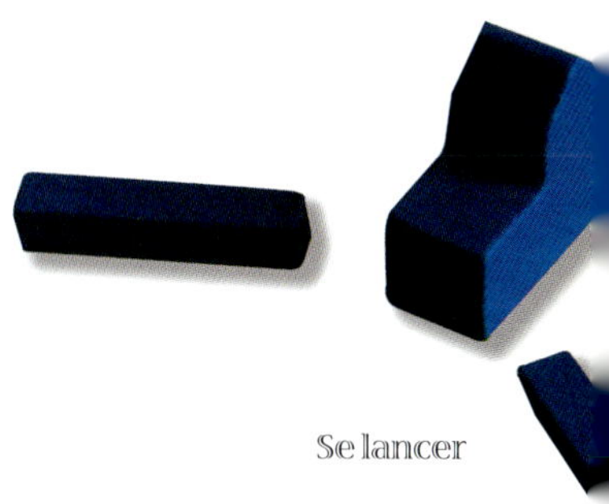

surtout en dehors de Cisco qu'elles survenaient. Dès qu'une nouvelle technologie atteignait un certain degré de maturité et que l'opération paraissait favorable, Cisco la rachetait. Cisco avait pris le pli d'acheter l'entrepreneuriat. J'ignore si les dirigeants des entreprises acquises survivaient longtemps dans la culture d'entreprise de Cisco. Mais c'est une manière de procéder comme une autre. Le groupe TNT, par exemple, dispose d'un fonds qui investit dans des initiatives, tant internes qu'externes, susceptibles d'apporter à terme une contribution substantielle au groupe. Ce fonds s'appelle Logispring. Avec Logispring, les entrepreneurs évoluent juste à l'extérieur du groupe, à sa périphérie. Là où ils peuvent encore s'épanouir. Là où ils peuvent encore être créatifs et prendre des

risques. Si ça marche, l'investisseur principal, TNT, intègre l'activité. Si ça ne marche pas, tant pis. Le cas échéant, TNT revend. Bien sûr, un tel fonds constitue un risque en lui-même, mais c'est au moins un risque maîtrisable.

Finalement, plutôt que de rester bloqué sur le conflit qui opposera jusqu'à la fin des temps les managers et les entrepreneurs (car l'un voit un risque là où l'autre ne voit que la routine), mieux vaut utiliser ces compétences opposées pour relancer la croissance en Europe. Vive les entrepreneurs… et les managers…!

Pétiller !

Business dialogues

Quelles mesures peut prendre une entreprise qui veut pétiller ? Il n'y a pas de règle universelle, mais il est tout à fait possible de définir un programme d'action qui encouragera ce pétillement. La toute première règle — et c'est une règle d'or — consiste à placer le client au centre de tout ce qu'on entreprend. C'est plus facile à dire qu'à faire. Même si, dans l'entreprise, les collaborateurs peuvent imaginer comment faire pour tout centrer sur le client, le fait même d'y réfléchir de leur côté est déjà contradictoire avec l'objectif recherché. Placer le client au centre de tout ce que l'on entreprend revient à le consulter à tout moment. Si nous voulons véritablement placer le client au centre de nos préoccupations, il faut le consulter physiquement et lui demander comment il veut que nous axions notre action autour de lui. Ce n'est qu'après cette première étape que nous pourrons réfléchir à notre mode de fonctionnement. Mais c'est horriblement difficile à faire.

Il faut donc voir et ressentir véritablement qui est le client et ce qu'il veut. Mais il y a tant de situations où le personnel d'une organisation ne rencontre jamais ses clients. La solution est simple : quand on n'a jamais l'occasion de voir un client, il faut partir à sa recherche. Prenons un exemple au hasard, en France : un organisme public tel que la Direction générale des infrastructures, des transports et de la mer, qui a en charge la circulation et les équipements routiers et autoroutiers. Pensez-vous que ses collaborateurs voient souvent un client ? Hormis le fait qu'ils sont tous clients eux-mêmes, il n'y a guère de mécanismes efficaces de communication entre les utilisateurs des infrastructures publiques de transport et leur fournisseur. Chaque citoyen français est client de cet organisme, les collaborateurs de la Direction générale des infrastructures ont toujours leurs clients à proximité, et pourtant, ils ne les voient que très peu.

Même chose pour la Poste, qui compte presque tous les citoyens parmi ses clients. Cet organisme ne dispose pas d'instruments efficaces pour communiquer facilement avec ses clients. Pouvez-vous communiquer avec la Poste *via* votre facteur ? Évidemment non. Alors, comment ? Être en mesure de déterminer facilement qui sont vos clients ne signifie pas pour autant que vous pouvez communiquer avec eux, et encore moins que vous êtes capable de les placer au centre de votre action.

Pas d'histoire, pas de client

Placer le client au centre de ses préoccupations, qu'est-ce que ça veut dire ? Faut-il que la Poste demande à ses clients ce qu'ils souhaitent exactement ? Une baisse des tarifs, par exemple ? Non, il faut une réflexion plus nuancée. Il faut créer chez le client le sentiment qu'il est pris au sérieux, ce qui n'est pas facile. Il faut utiliser des stimuli sincères, authentiques, pour susciter chez le client un sentiment positif à l'égard de son fournisseur, pour positionner ce fournisseur dans l'esprit du client, lui donner une position basée sur davantage que le prix et le produit. Le client veut une histoire, un ressenti. Je l'ai déjà indiqué, les organisations qui n'ont pas d'« histoire » ne survivront pas à terme. C'est ainsi, quel que soit le produit. Quand l'éboueur, au moment de vider un conteneur, prend la peine de nettoyer consciencieusement les déchets tombés à proximité immédiate, c'est un geste précieux, que le client remarque et apprécie à sa juste valeur. C'est ainsi qu'un service « tout-venant », standardisé, prend soudain du relief, se personnalise — et peut amener le client à payer juste un peu plus. Même chose quand le facteur se montre un peu plus agréable ou attentif, établissant ainsi un lien avec le destinataire du courrier. C'est plus agréable pour le client, mais c'est surtout plus agréable pour le facteur.

Bien sûr, il y a une différence fondamentale entre travailler pour d'énormes groupes de consommateurs ou bien travailler pour un groupe relativement restreint de clients professionnels. Il y a en France de très nombreuses entreprises qui servent de très nombreux clients professionnels, se comptant par dizaines, voire par centaines de milliers. La règle des 80-20 y trouve très souvent à s'appliquer. Quelque 20 % des clients y représentent près de 80 % du chiffre d'affaires. De là à déduire que ces entreprises se concentrent sur les 20 % d'entreprises les plus importantes, et les connaissent par cœur, il n'y a qu'un pas. Or justement, trop souvent, ce n'est pas le cas.

Que voulons-nous savoir…

Il y a savoir et savoir. Il y a une grande différence entre savoir ce qui se passe chez nos principaux clients et savoir ce qui se passe dans la tête de leurs dirigeants. Un peu partout, les entreprises lisent et entendent ce qui se passe chez leurs principaux clients ; elles l'enregistrent dans des rapports de visite, parfois même de façon très experte et détaillée. Mais savoir ce qui se passe vraiment chez vos clients préférés, c'est tout autre chose. Pourquoi ? Parce que trop souvent, l'entreprise élabore pour ses clients des projets d'après les services et les produits qu'elle est en mesure de livrer. Les projets clientèle d'un fournisseur de services de téléphonie découlent généralement de sa capacité à livrer des services et des produits de téléphonie et non des souhaits et des ambitions du client. Le fournisseur s'appuie non pas sur le potentiel du client mais sur ce que le client achète déjà.

Puisque, en fin de compte, ce sont les dirigeants qui décident des politiques de leur entreprise, il est fondamental de comprendre les rêves et les ambitions de votre client. Généralement, ces rêves et ces ambitions ne figurent pas dans les dossiers, tout simplement parce que les clients ne crient pas leurs réflexions les plus intimes sur tous les toits. Il y a d'ailleurs plusieurs raisons à cela, ne fût-ce que la réglementation boursière. Traiter avec ses grands clients est donc bien plus difficile qu'il n'y paraît au premier abord.

En revanche, avez-vous remarqué comme tout un chacun aime parler de ses rêves et de ses ambitions, et comme il est pourtant rare qu'on aborde ce sujet ? Un client qui se sent en confiance sera davantage enclin à confier les véritables ressorts de son entreprise. J'utilise régulièrement un outil extrêmement puissant pour forger des liens avec mes plus importants clients, qui s'appelle « *business dialogues* ». Il ne s'agit pas de simples entretiens avec un client, mais plutôt de réunions soigneusement mises en scène entre un fournisseur et un client, représentés chacun par trois à quatre personnes. Voilà donc six à huit personnes réellement désireuses d'évoquer ensemble rêves et ambitions. Un tel dialogue ne saurait en aucun cas se passer de préparation. Il faut prévoir au préalable plusieurs entretiens individuels approfondis destinés à préciser les véritables enjeux. À la recherche de l'authenticité, en quelque sorte. Et rechercher l'authenticité prend du temps, il faut se poser. Alors imaginez le résultat lorsque le client et le fournisseur sont tous deux en mesure de se concentrer sur l'essentiel, et de procéder à un véritable échange sur cet essentiel à l'issue d'une réunion d'une (demi-)journée.

Cela crée des liens étroits mais aussi, immanquablement, un flux d'affaires. D'excellentes affaires, parce que tous auront privilégié ce qui est véritablement essentiel. Il ne s'agit plus de se contenter de livrer des services et des produits que chacun connaissait déjà, mais d'arriver à se rencontrer vraiment.

Recherchez l'essentiel

Bien entendu, de tels *business dialogues*, bien préparés, sont très rares. Pourquoi ? Parce qu'ils sont coûteux en temps. Tenter de cerner un client en profondeur coûte du temps et de l'énergie. Mais quand on sait quels sont les 20 % des clients qui assurent 80 % de votre chiffre d'affaires, cela vaut la peine d'approfondir les relations avec eux. Au cours des dernières années, j'ai mené des *business dialogues* avec environ 150 des plus grandes entreprises néerlandaises. Ce fut une expérience absolument fabuleuse. Parce que pour préparer ces 150 dialogues, il a fallu mener au moins 500 entretiens approfondis pour découvrir où se trouvait l'essentiel pour chacun des participants. Et je peux vous l'assurer : l'essentiel ne figurait dans aucun rapport annuel ni dans aucun autre document. Il a fallu le découvrir de haute lutte.

Et que dire de l'extraordinaire énergie qu'ont libérée ces 150 *business dialogues* ! Parce que, en plus, la plupart des participants ont véritablement pris plaisir à ces sessions, agréables et ouvertes, sincères et authentiques. Les gens aiment ça. Les gens aiment parler de leurs rêves et leurs ambitions et n'ont que trop rarement le temps et l'occasion de le faire. Ils prévoient trop peu de temps pour cela dans leurs agendas artificiellement surchargés.

Les *business dialogues* sont un outil idéal pour aider les entreprises à mieux connaître leurs principaux clients. Plus exactement, c'est un instrument extraordinaire pour pénétrer l'univers de leurs clients. Pour s'ouvrir à ce qui est essentiel pour leurs clients et y répondre en profondeur. C'est en associant ce qui est essentiel pour votre client à ce qui est essentiel pour vous, que vous placerez véritablement le client au centre de vos préoccupations. En vous basant réellement sur son ressenti. En plus d'être très amusant, cela ouvre la porte à de nouvelles affaires, ce qui est extrêmement enthousiasmant tant pour le client que pour le fournisseur. Cela se traduit en réunions pétillantes, qui contribuent, dans un esprit créatif et entreprenant, à la croissance du chiffre d'affaires. Nous sommes bien loin d'un simple maintien du *statu quo* : nous nous engageons, avec le client, dans une relation nouvelle, une relation qui va plus loin qu'une relation client normale. Et c'est bien cela qu'il nous faut !

CBF

Se faire plaisir au travail

Une vie professionnelle représente en moyenne 75 000 heures de travail. Une obligation pour certains, un plaisir pour d'autres. Tout dépend du regard que l'on porte sur son travail : une contrainte à laquelle il faut se plier de 9 heures à 18 heures ou bien un environnement mis à notre disposition pour faire ce que l'on aime ?

Considérer son travail comme un jeu et pas comme un parcours du combattant, c'est déjà ne plus le vivre comme du travail, mais comme un passe-temps agréable. Et faire de son travail un jeu n'est pas très difficile. Pour chacune de vos décisions, vous pourriez vous demander : « Qu'est-ce qui me plaît le plus ? », et non pas « Qu'est-ce qui me rapporte le plus ? » ou « Comment atteindre le sommet le plus rapidement possible ? ». S'imposer coûte que coûte des objectifs trop élevés, voire ronflants, mène généralement à des déceptions. Optez plutôt pour une formule tout en défis et en plaisir, la satisfaction et le succès suivront. Si vous vous fixez comme objectif de prendre un maximum de plaisir au travail, votre performance ne pourra que s'améliorer. Le plaisir au travail résulte des défis que vous vous fixez, et de la satisfaction que vous donne la réalisation de vos objectifs, que ce soit à titre individuel ou avec vos collègues. Et aussi, n'oublions pas, avec vos clients.

Ouvrez la cage aux oiseaux…

Adolescent, je circulais un jour dans Rotterdam en compagnie d'un commerçant ambulant prospère. Arrêté à un feu rouge, il se pencha légèrement en avant pour mieux regarder en l'air. Il me dit, en pointant du doigt : « Regarde ce grand immeuble de bureaux. Il paraît que les gens qui s'y rendent tous les matins pour en sortir le soir, vers 18 heures, lisent leur journal, prennent le café et restent assis toute la journée dans leur cage. » Le feu revenu au vert, nous avons repris la route sans que je comprenne son message. Ce n'est que bien plus tard que cela a fait écho en moi, alors que j'étais assis dans ma voiture, et que j'avais comme ambition d'assumer un jour un poste de direction dans un de ces immeubles. Au-delà de son dédain pour les « bonshommes » qui passaient leurs journées dans ces tours à ne rien faire, il y avait son observation que les gens libres, comme les commerçants ambulants, décident eux-mêmes de leur destin. Alors que les personnes qui occupaient ce grand immeuble avaient perdu depuis longtemps toute notion d'autodétermination pour se contenter, chaque jour, « d'aller rejoindre leur cage ».

Ayez donc une pensée émue pour les foules qui, chaque jour, contre vents et marées, se coltinent les embouteillages pour rejoindre enfin l'immeuble où elles vont passer huit longues heures. Sans jamais réfléchir au pourquoi. Sans jamais se demander si elles ne pourraient pas vivre autrement. Est-il élitiste de se demander s'il y a une place, à chaque niveau de votre environnement de travail, pour cette réflexion ? Chaque manager, chaque mécanicien, chaque opérateur de centre d'appel peut-il – devrait-il – penser ainsi ? Et si oui, peut-il faire quelque chose ? J'ai l'intime conviction que chaque être humain, quel que soit son niveau, peut réfléchir à sa propre situation et y apporter des changements. Je suis intimement persuadé que se poser des questions sur le fun, le plaisir au travail, n'est pas un caprice réservé aux élites.

J'ai lu récemment un livre extrêmement drôle sur le marché aux poissons de Seattle et sur le type de relation que les poissonniers y entretiennent avec leurs clients. Par le contact chaleureux qu'ils ont avec leur clientèle, leurs plaisanteries et leur bagout, ils sont aujourd'hui une curiosité locale, et cela a fait exploser leurs ventes. C'est devenu un véritable spectacle. La réussite de ces poissonniers a d'ailleurs inspiré plusieurs auteurs de théories de management. L'histoire vraie du facteur Fred (qui a inspiré le livre *The Fred Factor*), ce facteur de Denver qui avait réinventé son métier jusqu'à en faire un jeu, m'incite à croire que prendre plaisir dans son travail est à la portée de tous, quel que soit le niveau dans l'organisation. Hélas! le mythe selon lequel personne ne peut rien changer à sa propre situation et se trouve livré à jamais aux caprices « du patron » ou bien « du management » est profondément ancré dans l'esprit du travailleur moderne.

Chacun pour soi

Quoi qu'il en soit, chacun admettra aisément que prendre plaisir à effectuer son travail est précieux. Pourquoi alors cette angoisse existentielle, cette certitude que le « fun » ne peut que coûter cher ? J'ai parfois l'impression que tout le monde, et en particulier les managers, peut admettre (ou se sentir forcé d'admettre) à quel point il est important de trouver du plaisir dans son travail, sans jamais en tirer de conclusions. Sauf à lancer parfois un projet cache-misère, pour s'acheter les bonnes grâces du comité d'entreprise. Les collaborateurs ont tendance à traiter leur entreprise selon la manière dont celle-ci les traite. C'est humain. Les organisations désagréables et déloyales s'attirent des collaborateurs désagréables et déloyaux. C'est logique, après tout.

Dans les années 1990, j'ai dirigé pendant quelques années une entreprise à San Francisco. J'ai très rapidement constaté une absence totale de loyauté de la part des collaborateurs. Lorsque j'ai demandé à mon équipe de direction d'où provenait cette déloyauté, la réponse fut simple : « Pourquoi être loyal puisque l'entreprise se contrefiche de ses collaborateurs quand les temps sont durs. »« Chacun pour soi et Dieu pour tous » : une brochette de travailleurs égoïstes capables de démissionner à tout moment s'ils pensaient trouver ailleurs une petite amélioration.

Points clés à méditer

Prendre du plaisir dans son travail (ce qui est autre chose que prendre du plaisir au travail) n'est possible que si des êtres humains décident librement et en toute conscience de faire quelque chose ensemble. C'est là une condition non suffisante, mais absolument nécessaire pour obtenir des collaborateurs inspirés. Ils sont ouverts à l'inspiration par leur prise de conscience et par leur décision positive.

Pour bien orienter ses collaborateurs et les enthousiasmer durablement, il faut impérativement faire preuve de vision et de leadership.

.A POURSUITE DU BONHEUR LA PO

La poursuite DU BONHEUR

Tout homme tend au bonheur, même s'il est difficile de définir ce concept. L'économiste néerlandais Manfred Kets de Vries, professeur à l'INSEAD, a décrit dans un de ses livres un vieux dicton chinois : « Le bonheur tient en trois éléments : quelqu'un à aimer, quelque chose à faire et quelque chose à espérer. » Décrire le bonheur est ardu. Pour bien des gens, c'est même tellement difficile qu'ils préfèrent ne pas y penser, ou alors y penser plus tard.

UITE DU BONHEUR LA POURSUITE D

Bien des gens assimilent la recherche du bonheur à la recherche de la richesse, de la considération ou du pouvoir, tous ces signes extérieurs dont ils espèrent recevoir un sentiment de bonheur. Mais dès qu'ils atteignent la richesse ou la position recherchée, ils en veulent davantage. Or le bonheur ne se limite pas au succès. Le bonheur n'a besoin ni de richesses ni de pouvoir. Au contraire, la recherche de la richesse ou du pouvoir peut rendre extrêmement malheureux.

La véritable question…

Et pourtant, on ne compte plus les entreprises qui récompensent leurs collaborateurs engagés dans la recherche de cette prétendue forme de bonheur. Accroître le chiffre d'affaires, progresser dans la hiérarchie, voilà ce que la plupart des organisations considèrent – peut-être inconsciemment – comme important. Aucun formulaire annuel d'évaluation ne mentionne un critère de recherche du bonheur. La question de savoir si les collaborateurs d'une organisation sont heureux n'est jamais posée. Parce que cela demande à être défini. C'est ainsi, sous le prétexte de l'impossibilité de les définir, qu'on ne pose jamais les questions importantes. Pourquoi donc une organisation ne demanderait-elle pas à ses collaborateurs s'ils sont heureux ? Ou s'ils sont heureux dans leur entreprise ?
J'en ai fait un jour l'expérience dans une entreprise qui emploie approximativement 1 200 personnes. J'ai imposé à tous les collaborateurs, chaque jour, d'éteindre leur ordinateur en fin de journée, et donc de « se déconnecter ».

Mais avant d'enregistrer la demande de déconnexion, l'ordinateur leur demandait d'abord d'attribuer une note à leur journée. Une journée extraordinaire se notait 10. Et si la journée avait vraiment été abominable, leur note devrait refléter leur insatisfaction. Avant la mise en place de ce système, il a évidemment fallu que les collaborateurs du département des ressources humaines se réunissent à qui mieux mieux pour tenter de définir ce qu'était précisément une bonne journée. Ces discussions ne menèrent évidemment à rien. Poser tout simplement la question « Comment vous sentez-vous en cette fin de journée ? » leur paraissait trop compliqué. J'ai pourtant persévéré. Cette évaluation quotidienne connut un grand succès. Chaque matin, près du bureau d'accueil, un écran affichait la moyenne de la veille. Bien sûr, les variations journalières n'étaient guère signifiantes, mais l'évolution de la moyenne au fil des ans ne manqua pas d'intérêt. Elle progressait d'année en année, les gens se sentaient mieux au travail. Et parallèlement à cette progression, l'entreprise devenait de plus en plus rentable. Ces deux phénomènes seraient-ils liés ?

Les collaborateurs de cette entreprise étaient-ils heureux ? Bien sûr, leur perception du bonheur intervenait pour beaucoup dans le chiffre qu'ils saisissaient rapidement et presque sans y penser chaque soir. Ainsi, lors du décès d'un collègue, le chiffre traduisit immédiatement un sentiment collectif de tristesse. La moyenne fut particulièrement basse ce jour-là. Mais au premier rayon de soleil, le chiffre remontait. L'évolution quotidienne de cette statistique reflétait donc les différents éléments qui influencent le ressenti humain. Appeler ça un sentiment collectif de bonheur serait probablement aller trop loin, mais il y avait un peu de ça.

Il paraît que les jeunes collaborateurs visent généralement d'autres objectifs que leurs aînés. Chez les plus âgés, ce sont souvent l'indépendance et la sécurité financière qui priment, tandis que chez les jeunes générations, être heureux dans la vie est — ou semble — beaucoup plus important. Ça me semble intéressant comme information, lorsque vous êtes un manager chargé de motiver une équipe. Ah, cette indépendance financière. Beaucoup ne voient pas de différence entre tenter de gagner davantage et tendre vers le bonheur. Alors que nous savons tous que dès que l'on a beaucoup d'argent, on veut avant tout en gagner davantage.

Être calife à la place du calife…

Ou alors, on veut obtenir davantage de pouvoir. Alors que je lui demandais quel objectif il se fixait dans sa nouvelle fonction, un P-DG fraîchement nommé m'expliqua qu'il voulait devenir le meilleur P-DG au monde. C'est ça qui lui apporterait le bonheur ultime. Je lui demandai alors qui était le meilleur P-DG du moment – ce qui revenait à lui demander à qui il voulait se mesurer. Il me cita Jack Welch, alors au sommet de la réussite chez General Electric. Quand je lui fis observer que Jack Welch n'était guère connu, il me répondit, déconcerté : « Mais tout le monde le connaît. » Manifestement, dans son panthéon personnel, Jack Welch venait immédiatement à la droite de Dieu. Et pourtant, je vous défie d'interroger un passant dans la rue et de lui demander qui est Jack Welch : vous ne récolterez que des regards interrogatifs. Notoriété : néant. Quelle déception ! Partir à la recherche d'une illusion censée apporter le bonheur c'est vivre dans l'avenir et non dans le présent. C'est très fréquent chez les managers : la fuite en avant. Qui se transforme souvent en foire d'empoigne. Autrement dit, pas vraiment une méthode de gestion efficace et équilibrée.

Si votre recherche du bonheur passe par la recherche du succès, de l'argent ou du pouvoir, vous serez nécessairement tenté de stimuler autrui à faire de même. Or, pousser les entreprises dans une croissance à outrance, à la recherche de toujours plus de bénéfices, ne crée pas automatiquement un environnement où d'autres trouveront leur bonheur.
Prenons un autre exemple : une entreprise dont tous les collaborateurs veulent être aussi heureux que possible. Et chaque collaborateur sait exactement ce que « le bonheur » signifie pour lui. Dans ce cas extrême, les objectifs de l'organisation sont incompatibles avec ceux de son personnel, qui recherchent le bonheur dans un espace tout différent. Dans l'ici et maintenant, dans leur relation avec famille et enfants, dans « l'être » plutôt que dans « l'avoir », dans la qualité de vie. Comme le dit Kets de Vries, « Quiconque assimile le bonheur au succès (richesse, grandeur et puissance) n'aura jamais assez de succès pour connaître le bonheur ».

L'énergie cachée des catastrophes

À propos de bonheur, avez-vous remarqué à quel point des situations initialement perçues comme de véritables catastrophes sont fréquemment requalifiées, plus tard, comme « le » point d'inflexion d'une vie ? Un licenciement est souvent vécu comme un drame, un mauvais coup du méchant monde extérieur. Surtout, d'ailleurs, chez les personnes enclines à se sentir victimes de leur entourage, et qui ne savent pas comment créer elles-mêmes leur propre bonheur. L'accident, le licenciement, les submerge. J'ai appris que ces drames sont parfois, et paradoxalement, des bienfaits déguisés. Ce sont de véritables cadeaux, mais masqués, et on ne les reconnaît donc pas tout de suite. Il n'est pas rare que le licenciement vous conduise à un environnement de travail finalement plus agréable, qu'il renforce les liens qui vous unissent à votre conjoint et à vos enfants, que sais-je encore. C'est ainsi qu'un malheur peut contribuer à votre bonheur.

Quelles conclusions en tirer ?

Les gens sont heureux lorsque leur vie a un but, un sens. Les organisations authentiques qui s'intéressent au sens de la vie donnent aux gens un cadeau qui peut contribuer à leur bonheur, qui peut les aider à alimenter leur sentiment de bonheur. Il n'y a pas de bonheur sans création de sens, de signification. Le souci d'une entreprise à entreprendre dans la créativité, à inspirer dans le pétillement, devrait donc contribuer au bonheur de ses collaborateurs. D'ailleurs, des collaborateurs heureux se montrent eux-mêmes pétillants et sources d'inspiration.

Jouer rend les gens heureux. L'entrepreneuriat créatif et l'inspiration pétillante, j'en suis persuadé, aboutissent à un environnement qui rend plus heureux, un environnement attrayant. Un environnement dont d'autres aimeraient faire partie, comme client, par exemple.

L'argent fait-il le bonheur ? Le débat est ouvert depuis longtemps. Mais dans le monde de l'entreprise, il y a fort à parier que ce soit exactement le contraire : c'est le bonheur qui fait l'argent. C'est pour cela que, paraphrasant Darwin, je crois à la survie des plus heureux (*survival of the happiest*) qui, par nature, sont les plus aptes (*the fittest*).
Pour l'entrepreneur créatif, l'inspiration et le pétillement sont au moins aussi importants que le bénéfice net.

PÉTILLER, C'EST AUSSI À LA PORTÉE

DES GRANDES ENTREPRISES

À la lecture des chapitres qui précèdent, on pourrait croire que les grandes entreprises sont nécessairement lentes, sclérosées, soporifiques, bref, incapables d'inspirer quiconque. Mais est-ce bien le cas ? Ne ferait-il bon travailler que dans de petites organisations vives comme l'éclair ? Ce serait trop simple et trop caricatural. Bien sûr, certaines grandes entreprises entretiennent une atmosphère délétère où aucune initiative innovante n'est possible. On a le sentiment de n'être qu'un infime rouage de la machine, de ne jamais bénéficier de la moindre once d'attention personnelle. Pourtant, si ces entreprises sont justement devenues si grandes, ce n'est pas pour rien, et si elles continuent de croître, c'est aussi grâce au travail d'hommes et de femmes capables et grâce à de bons produits et services. Et d'une certaine attention pour leurs collaborateurs…

Je parlais il y a peu avec un client d'une grande entreprise d'État privatisée. Il commença par casser allègrement du sucre sur le dos de la direction de l'entreprise. « Le management ne s'intéresse pas aux clients, ils n'ont pas l'esprit d'entreprise, tout y va très mal », etc. L'instant d'après, il admettait que l'entreprise devait compter malgré tout des managers compétents, puisqu'elle réalisait d'excellentes performances. Les grandes organisations suscitent des réflexions très hétéroclites, bonnes ou mauvaises, cela varie selon l'interlocuteur. Si vous posez la question à un superentrepreneur pour qui la vie, c'est lancer et consolider des entreprises, vous risquez de n'entendre parler que de lenteur et de fonctionnariat. Mais si vous l'interrogez, lui, sur ses soucis, vous l'entendrez parler de semaine de 80 heures et de cash-flow. Tout compte fait, les petites entreprises pétries d'esprit d'entreprise présentent autant d'inconvénients que les grandes. Vous avez dit « jamais contents ! » ?

Souvenirs de mon grand-père

Enfant, déjà, je rêvais de diriger un jour ma propre entreprise. Ce rêve a encore été renforcé lorsque, à la fin de mes études secondaires, je suis parti vivre un an aux États-Unis. Mon grand-père, pour qui j'avais une admiration sans bornes, a été chef d'entreprise toute sa vie. Mais à ma grande surprise, lorsque j'ai obtenu ma licence en management, il m'a conseillé de travailler pour un grand groupe tel que Philips, convaincu que cela m'assurerait une vie plus agréable et plus tranquille. J'ai effectivement commencé par travailler chez Philips, même si à l'époque son conseil m'avait beaucoup surpris. Comment un entrepreneur endurci comme lui pouvait-il conseiller à d'autres d'éviter de se mettre à leur compte ?

Plus tard, lorsque j'ai lancé et vendu ma première entreprise, j'ai beaucoup mieux compris. Les soucis sans fin, la charge de travail constante d'une entreprise indépendante sont parfois très fatigants. Entreprendre est amusant, c'est très gai, c'est même addictif. Au point, parfois, de ne plus penser qu'à son entreprise, 24 heures sur 24, 7 jours sur 7, du matin au soir. C'est épuisant et généralement pénible pour le conjoint et les enfants. Si on n'y prend garde, on risque même de les perdre. Parce qu'il est très difficile d'établir et de maintenir l'équilibre quand on est son propre patron, que l'entreprise soit grande ou petite.

À l'opposé, voyez les géants que sont PSA, LVMH, Danone. Qu'ont-ils de si différent ? Là aussi, on travaille beaucoup et il faut veiller à préserver un certain équilibre dans la vie. C'est entendu, faire partie d'un très grand groupe n'est guère comparable à être propriétaire d'une entreprise, même très grande. Pour quelqu'un comme Alain Afflelou, diriger son entreprise doit procurer des sensations différentes de celles du P-DG d'une multinationale de l'agroalimentaire. Pour le premier, c'est l'œuvre de sa vie et pour l'autre, c'est un boulot. Ce qui ne veut pas dire que l'un travaille mieux que l'autre. Mais l'un est un entrepreneur et l'autre un grand dirigeant. Je reste persuadé que pour croître, pour constituer un environnement de travail agréable, un grand groupe doit être mené par un dirigeant entrepreneur. À terme, les managers obnubilés par l'argent et les procédures, capables de présenter un bénéfice en hausse malgré un chiffre d'affaires en baisse, sont une véritable catastrophe pour l'entreprise.

Le début du XXIe siècle, plus précisément la période de 1999 à 2002, fut l'occasion d'une véritable explosion de nouvelles entreprises. Le capital-risque coulait à flots et les initiatives nouvelles se succédaient. On faisait la fête, partout, tout le temps. Incroyable. C'est exactement le contraire de

ce que je veux dire quand je parle de fun. Pour moi, fun et fête ne sont absolument pas synonymes. Cette association d'idées (fun et fête) a la dent dure. Mais pour moi, le fun, c'est prendre plaisir à son travail. Ça n'a rien à voir avec la fête. C'est une question de fond, de collègues, d'environnement de travail, de performance de l'entreprise, de flux d'énergie. Le fun, c'est l'essentiel. Quand quelqu'un prend plaisir à son travail, tout coule de source, et les résultats sont bons. Car quand les résultats ne sont pas bons, on n'éprouve pas de plaisir dans son travail. Vous pouvez le constater, la performance – donc les résultats financiers – fait partie intégrante du fun.

Je les vois encore, ces pseudo-entrepreneurs de la bulle Internet, menant grand train avec l'argent des autres. Notez que les investisseurs, les actionnaires, sont tout autant responsables que les administrateurs eux-mêmes d'une telle inconduite. Car ils se bousculaient au portillon pour investir des sommes invraisemblables dans des start-up, en prêtant de moins en moins attention à la qualité des business plans. Est-ce que c'était fun ? La règle d'or selon laquelle la pérennité d'une entreprise passe avant tout par la réalisation de bénéfices s'est vite rappelée à leur bon souvenir. Arrivées au bout de leurs capitaux, certaines entreprises durent partir dare-dare à la recherche de clients, de vraies recettes et non de l'argent emprunté auprès des actionnaires. S'il fallait en retenir une leçon, c'est que dépenser vite beaucoup d'argent pour de splendides campagnes publicitaires et pour des fêtes, c'est tout sauf fun. C'est même frustrant. Les start-up qui ont survécu à cette période, elles, connaissent le fun. Elles réalisent des bénéfices. Et ça, c'est fun.

Ce n'est pas une question d'échelle

Vous l'aurez compris, la notion de fun n'a rien à voir avec la taille de l'entreprise. Le fun est fonction de la culture, de l'atmosphère de l'entreprise, telle qu'elle est instillée par le patron. Prendre plaisir à son travail est une indispensable source d'énergie. L'un se sent à son aise dans une grande entreprise et y prend plaisir, l'autre s'y sent perdu, voire déprimé. Il refuse d'être un numéro. Mais si quelqu'un a l'impression d'être un numéro dans son entreprise, ne serait-ce pas parce que celle-ci traite son personnel comme des numéros et non comme des humains ? Mais aussi, le fait de ressentir ou non du plaisir n'est-il pas, au bout du compte, votre propre responsabilité ? En tout cas, la responsabilité n'en incombe pas à l'organisation qui vous emploie. Je n'insisterai jamais assez sur ce point : chacun est responsable, toujours, du plaisir qu'il ressent à son travail. Parce que si ce travail ne lui convient pas, il lui appartient de réagir. De faire revenir le fun, d'aller travailler ailleurs, de fixer ses propres objectifs.

J'en reviens à la question de savoir si une grande entreprise peut être fun. Autant dire que j'en reviens à vous. Que voulez-vous ? À quoi accordez-vous de l'importance dans la vie ? Qu'est-ce qui rend votre vie agréable et digne d'être vécue ? C'est là que vous trouverez un début de réponse. Ce n'est qu'après avoir répondu à ces questions que vous pourrez prendre les bonnes orientations. Trouver votre bonheur dans un petit groupe de 10 collègues ou au sein d'un géant actif à l'international. Bien sûr, dans une entreprise qui compte des dizaines de milliers de collaborateurs, avoir à l'œil tout ce qui est source de fun est difficile, mais pas impossible. Ne pas se perdre dans des ornières administratives, c'est possible. Échapper aux carcans qui annihilent l'individu et anéantissent l'être, c'est possible. Mais la responsabilité finale en incombe à chaque individu. Regardez-vous. Attentivement. Comment vous êtes-vous adapté aux règles de l'entreprise qui vous emploie ? Avez-vous conservé votre esprit critique ? Avez-vous décidé de vous adapter aux règles sans égard pour vos rêves et vos ambitions ? Méfiez-vous : on se laisse très facilement entraîner dans le cirque des interminables réunions internes. Sans objet. Ou sans résultat. Qu'on pourrait expédier en cinq minutes. Afin de libérer du temps pour l'utile et l'agréable.

Méfiez-vous des gouffres à énergie

Lorsque je dirigeais la SSII Origin, je consacrais trop de temps à des réunions sans grande valeur ajoutée pour l'activité ou pour l'entreprise. Je devais donc récupérer plus tard ce temps perdu pour faire enfin « mon vrai boulot ». Est-ce que c'est fun, comme situation ? Non, mille fois non ! Cela vous pompe de l'énergie. Alors qu'un travail sympa, des collègues agréables, de bons résultats vous alimentent en énergie, un environnement de travail inadapté vous en soutire. Cela se sent immédiatement, pour peu qu'on y fasse attention. D'ailleurs, le surmenage et l'épuisement professionnel, généralement liés à des années de déperdition d'énergie, sont des phénomènes prévisibles. Soyez attentifs. Si vous sentez que le fun disparaît, méfiez-vous. Ne vous mentez pas et réagissez.

Il y a des grandes entreprises où il fait bon travailler. Elles sont attentives à leur personnel et à leurs résultats, elles sont stimulantes. Les petites entreprises sont plus faciles à réorienter et à améliorer que les grandes. Mais petites ou grandes, elles peuvent avoir en elles ce carburant extraordinaire : le fun.

J'observe régulièrement de grandes entreprises assez figées où naît subitement une surprenante créativité. Bien souvent, cela n'a rien à voir avec l'entreprise en tant que telle, c'est souvent le fait d'un petit groupe de collaborateurs. Ce qui est intéressant, c'est que l'entreprise tolère ou encourage ces initiatives.

La survie
des plus heureux

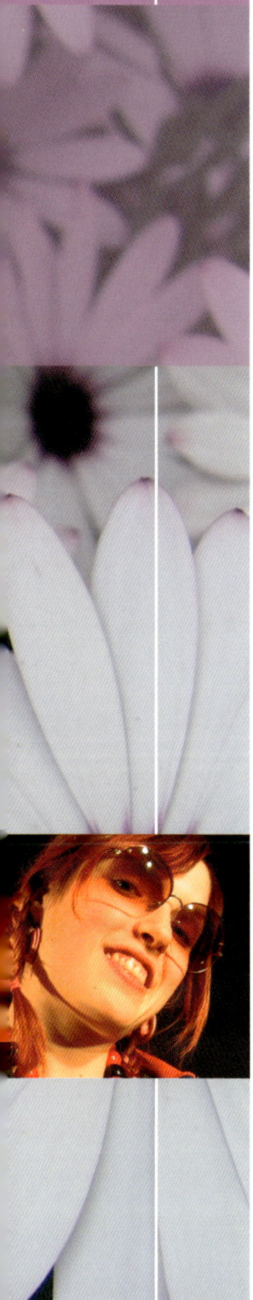

Les zozos béats

Tout comme Darwin qui, dans *De l'origine des espèces*, décrit le phénomène de la survie des individus les plus aptes, on constate dans bon nombre d'entreprises un phénomène de survie du collaborateur le plus heureux. Pourquoi alors les mots « fun », « jouer », « créativité » et « joie » appellent-ils toujours un commentaire du type : « Bon, mais au final, c'est d'argent qu'il s'agit ? » J'ai très souvent observé que les notions de fun et de jeu, quoique très appréciées, appellent immédiatement des commentaires assez matérialistes. Est-ce à dire qu'une entreprise agréable, motivée, heureuse génère automatiquement de l'argent ou des bénéfices ? Non, bien sûr. En revanche, une entreprise sans fun ne mérite pas de vivre.

Nous passons une part non négligeable de notre vie au travail. Ou encore à travailler, ce qui n'est pas la même chose. Quoi qu'il en soit, j'estime que ça doit en valoir la peine. Ce doit être aussi agréable et amusant que le temps consacré à d'autres activités que le travail. J'ai donc la plus haute opinion des entreprises et des managers qui clament *urbi et orbi* qu'ils se préoccupent du plaisir qu'éprouvent leurs collaborateurs dans leur travail. C'est tout aussi important que les interminables réunions relatives aux tableaux de bord et aux indicateurs de performance de l'entreprise.

Les clients et les collaborateurs de l'entreprise sont en contact. Imaginez ce qui se passerait si vos collaborateurs pouvaient être un peu eux-mêmes, s'ils se sentaient bien dans leur peau au travail. Lorsqu'ils rencontrent le client, puisqu'ils se sentent bien, ils donnent à leurs clients une impression de fraîcheur et de vivacité alors que s'ils sont démotivés, ils manifestent devant leurs clients une sensation de déprime. Or de nos jours, toutes les entreprises clament que le client est au centre de leurs préoccupations. Quel est le client qui aime avoir affaire à des collaborateurs démotivés, indifférents et insatisfaits ? Avez-vous remarqué ? Les clients réagissent pratiquement comme des humains…

Quel client a envie d'avoir affaire à des employés démotivés, indifférents et insatisfaits ?

Vraiment content

Ce n'est qu'une raison parmi tant d'autres de l'intérêt de pouvoir compter sur des collaborateurs heureux. Des collaborateurs heureux influencent leurs collègues. Et ceux-là réagissent exactement comme les clients. Autant dire que si nous nous mettons à nous démotiver les uns les autres, nous ne sommes pas sortis de l'auberge. Un directeur financier m'a dit un jour : « Essayez-vous de nous expliquer que ce que nous voulons, c'est une entreprise peuplée de zozos béats ? » Hilarité générale, bien sûr : sa repartie ne manquait pas d'humour. Le plus frappant, c'est que c'est exactement cela que nous voulons : une entreprise peuplée de zozos béats. Les gens affectionnent les zozos béats ; les clients apprécient les zozos béats. Et après tout, honnêtement, dans le fond, n'est-ce pas cela que nous voulons être, des zozos béats ? Je ne connais personne qui souhaite le contraire : être un zozo sérieux, sombre, incapable de plaisanter ou de rire. Ça, ce serait stressant !

La « survie des plus heureux » signifie que personne ne peut survivre en fonctionnant chaque jour, chaque mois, chaque année dans un environnement qui ne serait pas centré sur le fun, où l'on ne ferait pas tout pour que chaque collaborateur puisse savourer son travail. Bien sûr, ça ne doit pas être permanent. Chacun sait que la vie – et donc le travail – est faite de hauts et de bas, quel que soit le niveau que l'on occupe dans l'entreprise. Croire que la recherche d'un environnement joyeux et motivant serait une prérogative du management est d'ailleurs une erreur. J'ai connu de nombreux collaborateurs « de terrain » pour qui le travail était une fête. Qui voulaient être le facteur le plus charmant ou le plus efficace ou la plus accueillante des réceptionnistes, et qui y prenaient grand plaisir. Comment je le sais ? Parce que cela se sait, que tout le monde en parle, et que ces « zozos béats » ont donc un énorme impact sur leur entreprise. Tout le monde les connaît parce que tout le monde les apprécie.

C'est maintenant que ça devient amusant

Si l'entreprise ne s'intéresse pas à faire de la survie des plus heureux un facteur essentiel de son succès, le management risque de l'oublier. Parce que cela prend du temps, et que cela coûte de l'argent. Oui, donner aux gens le sentiment que l'on s'intéresse à eux et qu'ils ont droit au bonheur coûte beaucoup de temps et d'argent.

J'ai eu un jour l'occasion de lancer une importante réorganisation. J'avais réuni tous les collaborateurs à la cantine pour leur annoncer la nouvelle.

L'ambiance était lourde et les réactions fusaient : « Encore une réorganisation. » Or cette réorganisation visait justement à renforcer le moral des troupes. Les gens n'y croient pas, ou n'y croient plus. En tant que manager, allez raconter à vos collaborateurs qu'à partir de maintenant ça va devenir amusant. Ah bon ? Ce n'était donc pas amusant auparavant ? Les gens n'y croient pas. Il faut donc très vite prouver ce que vous avancez.

À l'occasion de cette fameuse réorganisation, nous avons pris trois mesures très simples : nous avons remplacé partout un lino déprimant par de la moquette, nous avons repeint tous les bureaux et nous avons équipé chaque collaborateur d'un PC flambant neuf. S'il y avait un message que nous voulions faire passer, c'est que nous voulions améliorer l'environnement de travail immédiat de chaque collaborateur. Ce fut un coup dans le mille. On oublie trop souvent, dans les réorganisations, que les organigrammes, les nouvelles structures, les embauches et les licenciements n'ont guère d'incidence visible sur l'environnement de travail. En montrant concrètement à tous les collaborateurs que nous nous intéressions à chacun d'entre eux, nous avons sensiblement renforcé la crédibilité des autres changements annoncés. Les résultats se sont améliorés bien plus rapidement que les prévisions les plus optimistes le prévoyaient. À peine un an après la réorganisation, la marge bénéficiaire atteignait les objectifs. Le slogan imaginé pour cette réorganisation contenait très concrètement le mot FUN. Après une réaction initiale quelque peu méfiante, le personnel y avait cru et avait joué le jeu.

Touche pas à mon fun

Chez tout manager soucieux d'améliorer la rentabilité, le premier réflexe consiste à réduire les coûts. C'est le plus facile. Évidemment, les premières mesures d'économie trancheront dans tout ce qui touche au fun. Après tout, faire des économies n'est pas drôle. Quand on licencie du personnel, on ne se lance pas dans des activités amusantes. Le plaisir devient tabou, alors que c'est justement notre plus grand facteur de productivité ! Comment nos « collaborateurs les plus heureux », survivent-ils à ces mesures d'économie ? En général, les meilleurs quittent le navire, partent d'eux-mêmes à la recherche d'un environnement plus approprié. Vous avez donc perdu vos meilleurs talents. Quant à ceux qui éprouvent davantage de difficultés à partir, ils restent là, font leur travail, mais sans grand plaisir. Et donc avec une productivité réduite.

Les zozos béats – je tiens absolument à continuer de leur donner ce titre honorifique – sont l'alpha et l'oméga de l'entreprise. Plus vous en aurez dans votre entreprise, mieux ça vaudra. Mais soignez-les bien, car ils sont très sensibles à leur environnement. Et n'oubliez pas : les zozos béats, ça coûte de l'argent ! La bonne nouvelle, c'est qu'ils vous en rapportent davantage. Alors soyez audacieux. Devenez vous-même un imbécile heureux. Même un manager a le droit d'en être un !

La boîte

The House of Fun

à fun

Quel que soit le problème, le seul fait d'en parler constitue déjà une amorce de solution. Car même quand on n'a pas la moindre idée de solution, le fait d'évoquer le problème, de le mettre en évidence, est déjà un grand pas dans la bonne direction. Alors si vous voulez que votre entreprise soit dynamique, vous devez répéter souvent, à chacun, que c'est votre objectif. Si vous souhaitez que vos clients soient satisfaits, parlez-en souvent entre vous. Pour que vos collaborateurs soient heureux et motivés, informez-les régulièrement de cet objectif. Est-ce suffisant ? Non, bien sûr que non, mais c'est un pas gigantesque dans la bonne direction.

EN SECRET, NOUS AVONS FAIT PEINDRE EN ÉNORME SUR LA FAÇADE : LA BOÎTE À FUN.

Et la fierté, bon sang ?

Lorsque l'on m'a chargé de réorganiser RCC, une grande société informatique de traitement de données, et d'y rétablir la rentabilité, j'ai pris de plein fouet les différences culturelles qui existaient entre les salariés. Comment restaurer la fierté chez les employés de l'entreprise, comment leur réinsuffler une dynamique ? La question était posée. Ma réponse : en en parlant beaucoup. En imaginant le nouveau slogan « It's Fun @ RCC ». Décrire explicitement ce que nous voulions nous a très rapidement permis d'orienter l'entreprise dans le bon sens. Rien qu'évoquer notre souhait rapprochait l'objectif. Nous avons d'ailleurs associé ce slogan à plusieurs actions extrêmement visibles, par exemple la rénovation du cadre de travail de tous les collaborateurs. L'amélioration souhaitée des résultats ne se fit pas longtemps attendre.

Il faut donc rendre explicite votre objectif. Comment faire ? En le nommant, en communiquant beaucoup et en y associant des actions visibles. Ce sont là trois étapes extrêmement importantes et indissociables. C'est la troisième, celle des actions concrètes, que l'on oublie le plus souvent. Parce qu'elle coûte de l'argent, ce qui, quand on cherche à améliorer le résultat, peut paraître déplacé. Mais voilà, les collaborateurs veulent plus que des mots, ils veulent aussi ressentir des signes tangibles de changement, ils veulent le vivre. C'est ainsi qu'un groupe se sent stimulé à entreprendre de grandes actions. J'ai dû un jour diriger le rapprochement de deux PME du secteur informatique, l'une près d'Utrecht et l'autre près d'Amsterdam. Toutes deux opéraient dans le domaine de la technologie de pointe. Toutes deux regroupaient d'excellents jeunes talents. Elles n'avaient jamais eu affaire l'une à l'autre, et elles devaient fusionner. Nous avons commencé par sélectionner un immeuble assez grand pour abriter tous les salariés. Une décision qui paraît aller de soi, sauf que très souvent, une fusion se cantonne à de l'ingénierie financière. Ça ressemble à une fusion, sauf qu'on oublie de s'occuper du volet « culture d'entreprise ». Pour l'actionnaire, l'entreprise a grandi, elle s'est améliorée, mais sitôt qu'on analyse les hommes au-delà des chiffres, pour voir ce qui s'y passe réellement… eh bien, il ne se passe rien. Je pourrais citer bien des entreprises cotées où la fusion n'a servi à rien d'autre qu'à agglutiner deux entités ensemble, en créant de la valeur pour les actionnaires, certes, mais une valeur uniquement financière. C'est parfois suffisant, d'ailleurs, mais cela ne suffit pas à créer de vraies entreprises.

Mais revenons à la fusion. Nous avions donc des collaborateurs enthousiastes, mais deux cultures. Tous réunis dans un bâtiment un peu vieillot, passablement ennuyeux, construit dans les années 1970. Autrement dit, nous avions tous les ingrédients pour un enterrement de première classe. La veille de l'entrée dans les lieux, nous avons fait inscrire en grands caractères les mots « La boîte à fun » sur la façade. Nous voulions frapper les esprits dès le premier jour. Il fallait que ça claque, que ça choque, il fallait que l'entreprise devienne la plus dynamique et surtout la plus joyeuse des Pays-Bas. Nous avons également amélioré en catimini l'aménagement intérieur et repeint les murs avec des couleurs chaudes. Et ça a marché ! C'était le buzz du jour. Comment ça, du fun, où ça, du fun, qui allait s'occuper de ça ? On en parlait jusque dans la rue. Je n'oublierai jamais cet autre locataire de l'immeuble, un courtier en assurances, qui m'a immédiatement convoqué. Appeler cet immeuble La Boîte à Fun était un scandale. Son entreprise était une entreprise sérieuse ! Qu'allaient penser ses clients ? Et de nous sommer de retirer l'inscription fatidique. Bien entendu, cette discussion avec notre colocataire nous a été extraordinairement utile, surtout lorsque nous nous sommes arrangés pour porter l'histoire sur la place publique…

HA, HA, HA!!

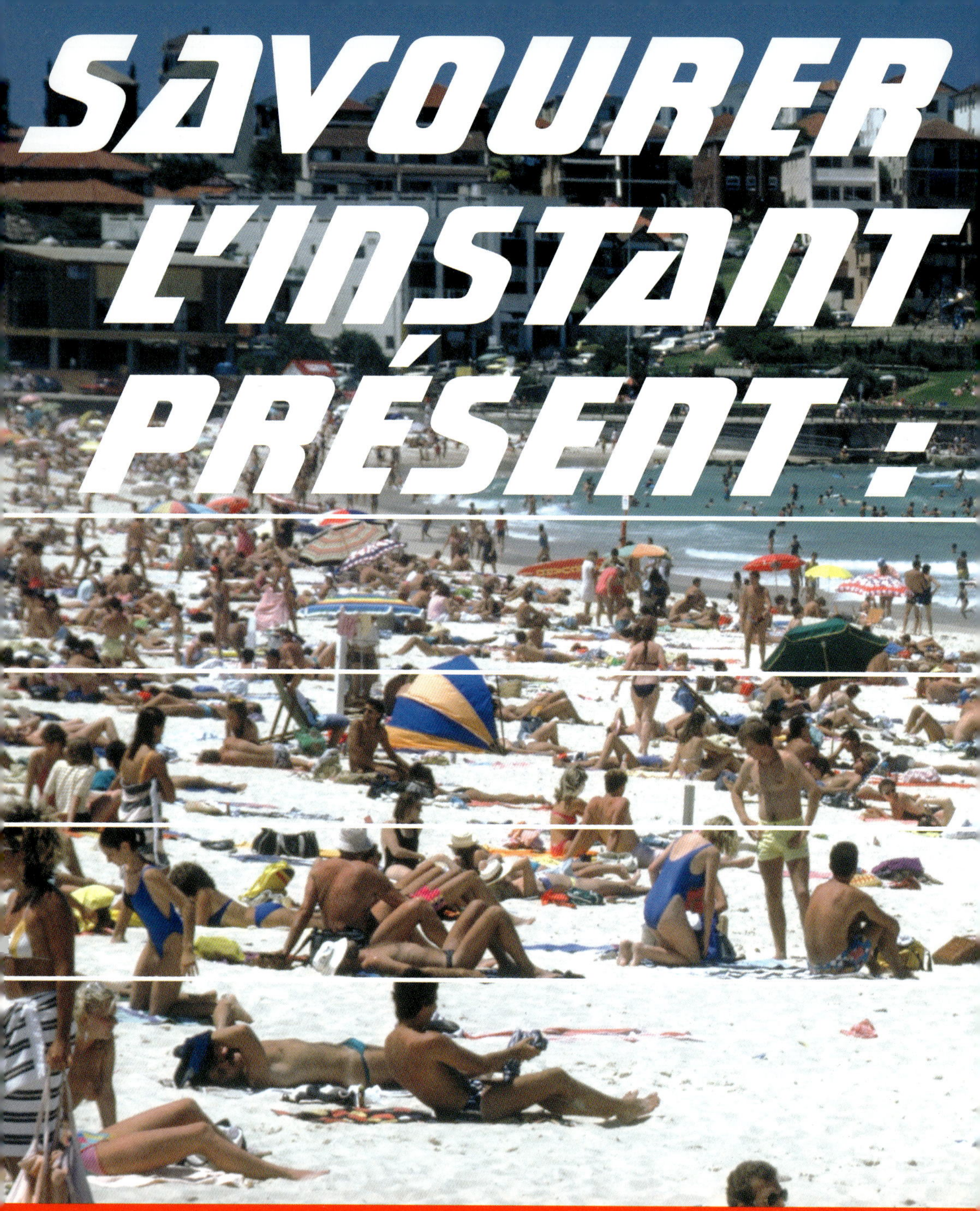
SAVOURER
L'INSTANT
PRÉSENT :

PAS SI SIMPLE

Je ne suis vraiment pas un lève-tôt. À l'époque où je parcourais 70 000 km par an, je demandais à mon chauffeur de m'attendre devant ma porte, chaque matin à 7 heures. Pour m'encourager à me lever. C'était très efficace, parce que de le savoir devant ma porte, si tôt, me faisait de la peine pour lui, ce qui m'aidait à sortir de mon lit.

Miam

À l'époque, j'étais P-DG d'un gros groupe, je bossais jour et nuit, et souvent le week-end. Jusqu'au jour où un collaborateur me dit : « Il faudrait que tu apprennes à savourer l'instant présent. » Réflexion faite, il m'a peut-être dit : « Prends-tu suffisamment le temps de savourer l'instant présent ? » Savourer l'instant présent ? Est-ce que nous savourons suffisamment tout ce qui nous entoure ? Pour achever la rédaction de ce livre, j'ai passé beaucoup de temps dans mon bureau en France. À me pencher sur mon clavier, puis à regarder le plafond pour réfléchir à mon texte. S'il y a une chose que je regardais beaucoup trop peu, c'était le paysage, par la fenêtre. Là est le véritable trésor. Une vue sur plusieurs vallées et collines, un paysage extraordinaire qui s'étalait devant moi en vagues successives. Un banc de brume ici ou là, un peu de fumée se tortillant au-dessus d'une cheminée. J'aurais pu admirer ce paysage pendant des heures, en savourant cette tranquillité. Si seulement mon livre ne m'avait pas tant occupé !

Savourer ce que l'on a : un coquillage, un panorama, un enfant, une fleur, une maison, n'importe quoi. C'est si difficile de savourer vraiment. Il faut prendre le temps de laisser les sensations vous imprégner, de profiter de la vie. Et ce temps, bien souvent, nous refusons de le prendre. À ce propos, on m'a raconté une histoire à la fois vraie et déconcertante. Le P-DG d'un grand groupe s'était exclamé, devant son équipe de direction, qu'il travaillait « au top de ses capacités ». J'espère que l'ironie de la situation ne vous échappe pas.

Comment est-il possible qu'il soit ainsi convaincu de travailler dur, très dur, au top de ses capacités ? Qu'est-ce que cela veut dire ? Cela veut-il dire qu'il a le sentiment de donner tout ce qu'il a dans le ventre ? Ne lui arrive-t-il donc jamais de penser qu'il pourrait changer de méthode ? S'y prendre autrement ? Travailler moins pour obtenir plus ? Que de savourer les petites choses naît une forme de pensée positive grâce à laquelle les événements se déclenchent pratiquement d'eux-mêmes ? Savourer le moment présent dans le travail est encore trop rarement bien vu. Oui, bien sûr, chacun trouve légitime de goûter pleinement la présence de ses enfants, les bons moments de sa vie privée. Mais savourer l'instant au travail ? S'asseoir, regarder autour de soi, se laisser imprégner par ce qui se passe, tout cela prend du temps. Nous avons tendance à remettre au lendemain cette jouissance de l'instant présent. « Plus tard », lorsque j'arrêterai de travailler, je prendrai vraiment plaisir à sortir mon vieux coupé sport. « Quand je serai retraité », j'irai passer du temps dans ma maison en Italie. « Je compte profiter très bientôt de mes petits-enfants » parce que, après tout, mes enfants, je les ai un peu oubliés. « À l'avenir », mon épouse et moi avons l'intention de nous consacrer à des activités agréables, parce que je n'ai pas le temps aujourd'hui. Oui, tout cela va arriver. Plus tard. C'est d'ailleurs fou comme je serai occupé. Plus tard.

Vous êtes-vous fait suffisamment plaisir ?

Pouvez-vous imaginer intégrer à l'évaluation annuelle de vos collaborateurs un objectif de plaisir ? Lors de l'entretien d'évaluation annuelle, chacun pourrait s'entendre dire : « Tu as vraiment bien travaillé cette année. Malheureusement, tu n'as pas pris assez plaisir à ton travail, il est donc impossible de t'attribuer un bonus. » Que diriez-vous de ça ! Paradoxal, non ? Vous adorez recevoir des bonus. Eh bien, franchement, ce plaisir n'arrive pas à la cheville de la jouissance que je vise ici. Jouir de la vie, profiter de l'instant présent, savourer la présence des personnes qui vous entourent. Quelle que soit la somme que représente votre bonus, elle est dérisoire en comparaison.

Souvent, les gens ne prennent conscience qu'ils doivent – ou peuvent – savourer la vie qu'après avoir vécu un drame. Il faut d'abord avoir reçu un signal de l'extérieur, qui perce la carapace, qui vous touche vraiment. Le décès d'un parent ou d'un être aimé, un enfant gravement malade. Pourquoi tant de gens ont-ils du mal à comprendre ce que signifie savourer la vie ? On voit parfois des entreprises dirigées par des leaders énergiques, qui savent tout faire et qui le font bien, sauf savourer la vie. Ils travaillent

comme des bêtes, ils sont intelligents, ils ont parfois même de l'humour. Mais ils n'ont pas encore appris à relativiser les événements. Je les appelle « les jeunes âmes ». On voit qu'ils n'ont guère vécu. Et pour ceux qui croient à ce genre de ils n'ont guère eu de vies antérieures. Ils sont jeunes, n'ont pas encore vécu grand-chose. J'ai rencontré il y a peu une fillette, très mignonne, de 5 ans. J'ai vu immédiatement que c'était une âme qui avait vécu. Dieu sait qui s'abritait là-dedans. J'ai bien cru y reconnaître quelques personnes. Les âmes jeunes ne savent pas encore. Elles ne savent pas encore que l'essentiel, c'est de savourer l'instant.

Jouir du moment présent dans l'entreprise. En tenir compte dans les entretiens d'évaluation, y attribuer une valeur, y accorder de l'importance. Manifester tout à fait explicitement que c'est important. Est-ce que cela équivaut au fun, au plaisir ? Pas tout à fait. Comme le dit Matt Weinstein dans son livre *Managing to Have Fun* : « Le travail n'est pas censé être fun ; c'est même pour ça qu'on l'appelle travail. » Créer un environnement où il fait bon travailler et savourer l'instant sont deux notions très différentes, même si elles sont étroitement liées.

De quoi pourrions-nous bien jouir au travail, dans notre travail ? Et si nous commencions par jouir de nos petits succès ? Ça vous arrive, d'habitude ? Généralement, ce n'est pas le cas : les petits succès sont censés faire partie de la normalité des choses. Dans l'entreprise que je dirige actuellement, nous avons réinventé les « youpi ». Quiconque ressent le besoin d'exprimer un « youpi » est invité à le faire, à tort et à travers. C'est même obligatoire. Par le passé, il nous arrivait d'enregistrer une commande, d'avoir un retour favorable d'un client satisfait ou tout simplement de passer une bonne journée. Jamais cela ne faisait l'objet d'un échange avec qui que ce soit. Pourquoi pas ? Je pense que c'est simplement parce que nous ne prenions pas le temps d'y prêter attention. La plupart des entreprises considèrent que

la réussite va de soi. Alors que justement, partager le succès est essentiel. On ne saurait en parler trop. Serions-nous donc condamnés à ne partager que nos problèmes ? C'est trop souvent le cas. Nous disposons d'ailleurs pour cela du détestable outil qu'est le courriel, qui nous permet de nous déranger les uns les autres à tout instant avec les problèmes les plus divers. De préférence juste avant le week-end.

Frais et dispos pour commencer la semaine

J'ai aussi établi une nouvelle règle, à savoir l'interdiction d'importuner qui que ce soit le vendredi après-midi avec un message désagréable ou une mauvaise nouvelle, que ce soit par courriel ou par texto. Cela ne sert qu'à saboter le week-end du destinataire. Non, merci ! C'est trop facile, car à ce moment-là, l'autre ne peut pas réagir. Vus sous cet angle, le courriel et le texto sont des outils de communication détestables, particulièrement adaptés pour réduire à néant la jouissance du moment présent.

Profiter de son week-end vous donne de l'énergie, vous aide à entamer la semaine en pleine forme. Bousiller cette jouissance pompe de l'énergie. Par contre, imaginez : c'est vendredi, le soleil luit, vous êtes sur le chemin de la maison, et un collègue vous envoie par texto un « youpi » à propos d'une nouvelle commande qu'il vient de signer. Et vous entamez votre week-end en sifflotant. C'est ainsi que cela doit être, c'est à cela que nous devons prêter attention, c'est le genre de comportement que nous devons encourager. Toutes ces petites choses sont tellement importantes. Or, justement, c'est à croire qu'elles paraissent trop dérisoires dès qu'il s'agit du travail, trop insignifiantes pour mériter de s'y arrêter. Au même titre qu'une fleur ou qu'un rire d'enfant.

La jouissance est dans les détails, dans ces détails dont l'absence ne vous pèse pas vraiment, mais qui font toute la différence quand ils sont là.

Pétiller et émouvoir

Avoir les larmes aux yeux. Écouter, regarder avec la gorge nouée. Se sentir touché au plus profond de soi. Une émotion peut vous submerger n'importe quand, n'importe où, et c'est toujours une expérience singulière, généralement agréable.

Prenez le pétillement. Rien de tel pour vous rendre joyeux, heureux de vivre. Rien de tel pour vous colorier la journée en jaune ou en bleu, tout en fraîcheur. Le pétillement vous donne de l'énergie. Des picotements. Le mot pétillement, lui-même, évoque d'ailleurs joie et plaisir. Quand donc nous sentons-nous touchés dans l'entreprise ? Quand pétille-t-elle ? Ces deux phénomènes sont rares dans la plupart des entreprises. Une entreprise qui pétille, qu'est-ce donc ? Une troupe de théâtre qui pétille, oui, cela arrive. Une pièce de théâtre, magistralement interprétée, qui rend le public heureux, que l'on regarde avec bonheur. Ou bien une équipe de foot, qui pétille de victoire en victoire jusqu'à la finale.

Mais quand donc une entreprise pétille-t-elle véritablement ? Connaissons-nous des entreprises véritablement pétillantes en Europe ? Aux yeux des entreprises elles-mêmes, oui, probablement. Mais ce qui compte en l'occurrence est que ce pétillement soit ressenti par le client, par le marché. Il faut vraiment que le client ressente du plaisir à faire affaire avec une entreprise donnée. Beaucoup considèrent Apple comme un bon exemple d'entreprise pétillante, avec des produits stimulants, étincelants. Des produits nettement plus chers que d'autres produits comparables, mais qui se vendent comme des petits pains. Lors du lancement de l'iPod, les lecteurs MP3 étaient déjà nombreux sur le marché. Qui plus est,

Apple était nettement plus cher que la plupart de ses concurrents. Ça n'a pas empêché les consommateurs, par millions, de s'arracher ce produit pourtant si cher. Pourquoi ? Ça crève les yeux. Parce que tant l'entreprise que le produit pétillent. En tant que consommateur, vous voulez faire partie du club. Vous voulez profiter de ce pétillement.

L'éboueur pétillant

Vous voulez un exemple d'entreprise européenne pétillante ? Le nom de Tom-Tom me vient spontanément à l'esprit, mais peut-être est-ce parce que l'entreprise connaît à la fois le succès et une croissance rapide. Est-elle vraiment pétillante ? Cela se voit généralement d'autant mieux que l'entreprise est petite. Les gens pétillent, donc l'entreprise pétille. Cela donne envie de faire affaire avec elle. Nous voyons chaque jour des gens pétiller au sein de leur entreprise. Le facteur, l'éboueur, le manager, que sais-je. Par leur propre pétillement, ces personnes confèrent à leur entreprise une image pétillante. D'un coup, d'un seul, elles essaiment leur pétillement sur plusieurs dizaines de milliers de collaborateurs. Ça donne bon espoir. Pourquoi tel restaurant nous attire-t-il et pas tel autre ? Parce que nous y sommes reçus, ou non, par un chef ou par un maître d'hôtel dont le pétillement nous plaît.

Mais les entreprises pétillantes sont relativement rares. Ce n'est pas faute, pour beaucoup, de vouloir se donner une image étourdissante à coups de campagnes publicitaires plus futées les unes que les autres. Mais quand le marché ressent que le message est factice, il ne marche pas, et l'entreprise est perdante. Pire même, l'entreprise apparaît trompeuse. Quand le message n'est pas conforme à la perception, le marché n'y croit pas. Les entreprises se trompent lourdement si elles croient qu'une campagne publicitaire suffit à les rendre pétillantes. L'entreprise investit des millions dans une campagne publicitaire et en reste là. Dès que les clients entrent en contact avec l'entreprise, ils constatent que l'ambiance n'y a pas changé, que leurs interlocuteurs sont toujours aussi affligeants. Bref : une campagne ratée. Investissez plutôt cet argent à changer réellement l'entreprise ! Hélas ! il y a encore aujourd'hui des agences de communication persuadées qu'il faut d'abord lancer la campagne pour ne changer l'entreprise qu'ensuite… si tant est que quoi que ce soit change.

Émouvoir, ressentir des émotions. Un rien suffit. Une fleur, un reflet sur l'eau, une belle histoire, un pleur d'enfant, une situation catastrophique dans une zone de guerre. L'émotion est un sentiment qui vous envahit sans prévenir. Personne ne se dit jamais : « Tiens, là, je vais me laisser émouvoir. » L'émotion m'étreint parfois au cinéma ; même devant les situations les plus absurdes, il arrive que les larmes me montent aux yeux.

Mais y a-t-il des entreprises qui me touchent ? Je serais bien en peine d'en citer une là, au pied levé. En revanche, d'innombrables situations émouvantes peuvent voir le jour dans les entreprises. Un collaborateur qui fait ses adieux, un merci, un groupe de collaborateurs qui composent une chanson pour un collègue malade…

Un produit émouvant

Émouvoir et pétiller, cela tient aux personnes en présence. L'environnement, l'organisation, l'entreprise qui utilisent ces outils les stimule. Ou ne les stimule pas. Il y a des environnements sans âme, où pétiller n'est pas considéré comme quelque chose d'utile. Où gagner de l'argent semble le seul objectif, aux yeux de tous. Où on regarde de haut tout ce tralala de mauviettes. Pétiller ? Beurk, parlons d'autre chose ! Inspirer nos clients ? Plaît-il ? Parlons d'autre chose. Ceux-là préfèrent garder leurs lunettes spéciales « hyperefficacité » et oublier que le client, lui, c'est justement ça qu'il recherche, quel que soit le produit.

Répétons-le : toucher le client, émouvoir le marché, c'est affaire de pétillement et d'âme, quel que soit le produit. C'est particulièrement vrai pour les produits difficilement différenciables. Ces produits de masse que les anglophones appellent *commodities*. C'est justement à ces produits-là qu'il faut ajouter une touche de pétillement. Et c'est la personnalité du vendeur qui fera toute la différence. Au moment de l'achat de votre nouveau téléphone portable, le vendeur agréable, drôle, inspiré pourra demander un prix plus élevé et vendra plus que les autres, quoi qu'il arrive. Si l'employeur de ce vendeur partage ce raisonnement, il s'efforcera de stimuler ces comportements. Dans le cas contraire, votre vendeur sera fade et sans saveur.

Pour une entreprise, stimuler le pétillement et l'émotion, faire en sorte que les collaborateurs y accordent de l'importance, est primordial. Pourquoi ? Tout d'abord parce que c'est humain, deuxièmement parce que c'est agréable, et troisièmement parce que c'est bon pour les résultats. L'entreprise ne doit plus être cet environnement froid où chacun gagne péniblement l'argent qui lui est nécessaire, qu'il rejoint chaque matin en bataillant contre les embouteillages, et où il passe ses journées à bâiller derrière son bureau. Pétiller et susciter l'émotion, voilà le fluide vital de toute entreprise. À défaut, l'entreprise est morte ; et ça, personne ne le souhaite, ni les collaborateurs ni les clients.

Les vertus

du repas d'affaires

Pendant un brainstorming, nous évoquions les éléments indispensables pour entrer véritablement en contact avec un client. Ce n'est pas si simple, même si pour certains, c'est une seconde nature. Prendre contact avec un client ou avec un passant lambda revient au même. Mais pour la plupart d'entre nous, je suis bien convaincu que c'est un vrai challenge.

Toucher votre client, l'émouvoir, l'enthousiasmer, c'est ça l'important. Qu'il s'agisse de toucher le grand public pour lui vendre des bâtons de chocolat ou du yaourt, ou que ce soit en petit comité, avec des clients d'affaires. Rien de tel, pour toucher le plus grand nombre, que de leur raconter une histoire qui les intrigue. Voyez Ralph Lauren quand il nous parle de style ou Marlboro avec son cow-boy à la peau tannée. Toutes ces histoires ont pour seule finalité de vous toucher, de faire que l'entreprise évoque davantage qu'un chemisier ou qu'un paquet de cigarettes. Émouvoir le client, c'est le fidéliser, parce qu'il veut généralement « faire partie du club ». Pour Rolf Jensen, l'auteur de l'excellent livre *The Dream Society*, si une entreprise n'a pas une bonne histoire à raconter, elle ne mérite pas d'exister. Ça me paraît frappé au coin du bon sens. Aucune entreprise au monde ne peut survivre en se contentant de développer de bons produits au prix le plus bas. Vendre des produits de consommation de masse au prix le plus bas à des clients volages est un combat perdu d'avance. Le client veut davantage.

C'est également le cas des clients d'affaires. Eux aussi veulent entendre une bonne histoire, eux aussi veulent faire partie du sérail. Or émouvoir avec des histoires, ça facilite considérablement les choses.

Faire affaire entre amis

Comment mettre ça en pratique avec un nouveau client ? Comment engager cette relation ? Car nous sommes bien d'accord : c'est indispensable. Un client préfère de loin faire affaire avec une personne qu'il apprécie et qu'il connaît bien plutôt qu'avec un inconnu désagréable. Le produit n'est pas tout. Au-delà des produits, au-delà d'un service de qualité supérieure, dans le marché B2B, bâtir une relation reste essentiel. Je prétends que les décisions d'achat dépendent à plus de 50 % de la qualité de la relation personnelle. Pour diverses raisons (visant à éviter notamment la fraude et l'enrichissement personnel), on a inventé mille et une procédures qui transforment bien souvent le processus d'achat en véritable parcours du combattant. Il y a quelques années, alors que j'informais mon conseil d'administration que j'avais confié un projet à deux fournisseurs, on m'a rétorqué que ces deux prestataires étaient de mes amis. Horreur et stupéfaction ! Était-ce tolérable ? J'ai répondu que c'étaient effectivement des amis et que c'est bien pour cela que je leur avais confié la commande. Je connaissais à fond leur manière de travailler et j'avais en eux une totale confiance. Et c'est ce qui m'avait décidé à leur passer la commande, m'évitant une procédure d'appel d'offres longue et coûteuse.

Et pourtant, il ne m'a pas été facile de faire comprendre la logique de ce raisonnement. Aurions-nous perdu quelque chose de vue ? Y aurait-il donc un souhait d'objectivation des processus d'achat et de vente ? Alors que c'est justement un processus qui se fonde avant tout sur le sentiment et l'instinct, et qu'il perdrait ainsi tout élément de passion ? Car ne nous leurrons pas : qu'il s'agisse de toucher d'un coup des millions de consommateurs ou un unique client, ce qui compte, c'est l'émotion.

Un bon gueuleton pour briser la glace

Personnellement, si je veux communiquer au mieux avec un client, je dois me trouver près de lui. Les yeux dans les yeux. Je veux voir ses réactions. Lui écrire un courrier ou un courriel, ou le faire appeler par ma secrétaire n'est pas satisfaisant. Bien souvent, d'ailleurs, le recours à la secrétaire est un signe de faiblesse. Il faut toujours appeler soi-même une relation importante, c'est toujours apprécié. J'ai observé qu'appeler soi-même ses clients importants est beaucoup plus fréquent aux États-Unis qu'en Europe. Nous autres, Européens, avons créé une certaine distance, pensant peut-être que c'est plus prestigieux. Si vous voulez un vrai contact, les yeux dans les yeux, rien de tel qu'un repas. Des repas d'affaires, j'en fais beaucoup ! Et je veux absolument que ces repas soient agréables. Sinon, mieux vaut rester chez soi. Quant aux « déjeuners de travail », un sandwich pris sur le zinc, j'en veux le moins possible. Quelle perte de temps ! Inviter un client à un repas d'affaires, c'est personnel et il faut donc le faire soi-même. Il faut que ça sorte de l'ordinaire, que ce soit l'occasion de partager un bon repas dans un restaurant soigneusement sélectionné. Après tout, le choix du restaurant symbolise le respect que vous inspire cette relation d'affaires. Quand vous voulez séduire une femme, est-ce que vous l'invitez au MacDo ?

Un bon repas. Agréable, accompagné d'un bon vin, où on prend son temps. Pourquoi d'ailleurs ne pas prévoir une petite attention personnelle spécialement destinée à l'invité ? Et une règle d'or : ne parler que de choses qui comptent vraiment. Quand on prend la peine d'organiser un repas avec un client important, il faut bien trouver un sujet de conversation. Le mieux, c'est encore de ne pas du tout parler affaires pendant le repas. Ça vous paraît bizarre ? Ne pas du tout parler « travail » ? N'est-ce pas un gaspillage de temps et d'argent ? Bien au contraire ! Tant qu'à consacrer à ce client un temps précieux que vous auriez pu passer en famille, autant parler de sujets qui comptent vraiment. Par exemple « Comment allez-vous ? » — mais alors en portant réellement intérêt à une vraie réponse. Comment cette personne se sent-elle dans son travail ? Dans son quotidien ?

C'est ça que les gens veulent aujourd'hui, mais qu'ils n'ont plus l'occasion de faire dans leur environnement professionnel : parler de ce qui leur tient à cœur. L'ambiance « World Café » voudrait qu'on gribouille sur les nappes, ce que nos restaurateurs n'apprécieraient guère. Quoique… ce serait sympa d'emporter votre propre nappe et quelques feutres, et de vous mettre à écrire pendant le repas… Plutôt créatif, non ? Et surprenant… Mieux vaut évidemment s'entendre au préalable avec le restaurateur. Et à la fin du repas, vous offrez à l'invité, au client, la nappe couverte de réflexions sur des sujets qui importent vraiment. J'avoue que je ne l'ai encore jamais fait, mais ça ne saurait tarder. Je vous parie que le client ramènera la nappe chez lui pour en parler en famille — et qu'il ne la lavera pas de sitôt ! Si ça, ce n'est pas tisser des liens…

Une conversation bizarre

Je dînais un jour avec un important client — avec qui je voulais justement parler affaires, et plus précisément me faire confirmer le budget qu'il allait me confier pour l'année à venir. J'étais assez tendu, car ce budget était vital pour l'entreprise. Je ne savais ni quand ni comment aborder la chose. Nous passions un excellent moment, le repas touchait à sa fin. À un moment donné, j'ai décidé de m'y prendre tout à fait différemment. Et je me suis lancé : « J'ai réfléchi à la mission que nous pourrions être amenés à effectuer pour vous l'an prochain. Je la trouve tellement stratégique que j'ai décidé que nous allions l'accepter. Nous allons honorer cette commande, que vous décidiez de nous payer ou non. C'est trop important, nous ne pouvons pas nous arrêter à mi-parcours. » Voilà, c'était sorti. Je levai mon verre pour un toast. Le client était perplexe. Hésitant, mi-amusé, il me demanda si ce n'était pas lui qui aurait dû prononcer ces paroles. « Je peux me tromper, mais j'avais l'impression que c'est au client, d'habitude, de confirmer les commandes ? Cela dit, je suis d'accord avec vous, cette commande est trop importante pour nous, donc on continue. Et nous sommes même d'accord pour vous payer. »

Ce fut l'un de mes entretiens les plus surréalistes, mais aussi un des plus amusants. Tellement bizarre, ou tellement humoristique, que nous ne sommes près de l'oublier ni l'un ni l'autre. Essayez donc d'en faire autant dans votre environnement professionnel habituel. Autour d'un bureau, cravaté, en uniforme, jamais une telle conversation n'aurait été possible. Mais le charme de l'endroit, la magie du contact, l'émotion partagée au cours d'un bon repas rendent tout possible. Crée une amitié, crée un lien. Pendant un bon repas, tout est permis. Essayez donc…

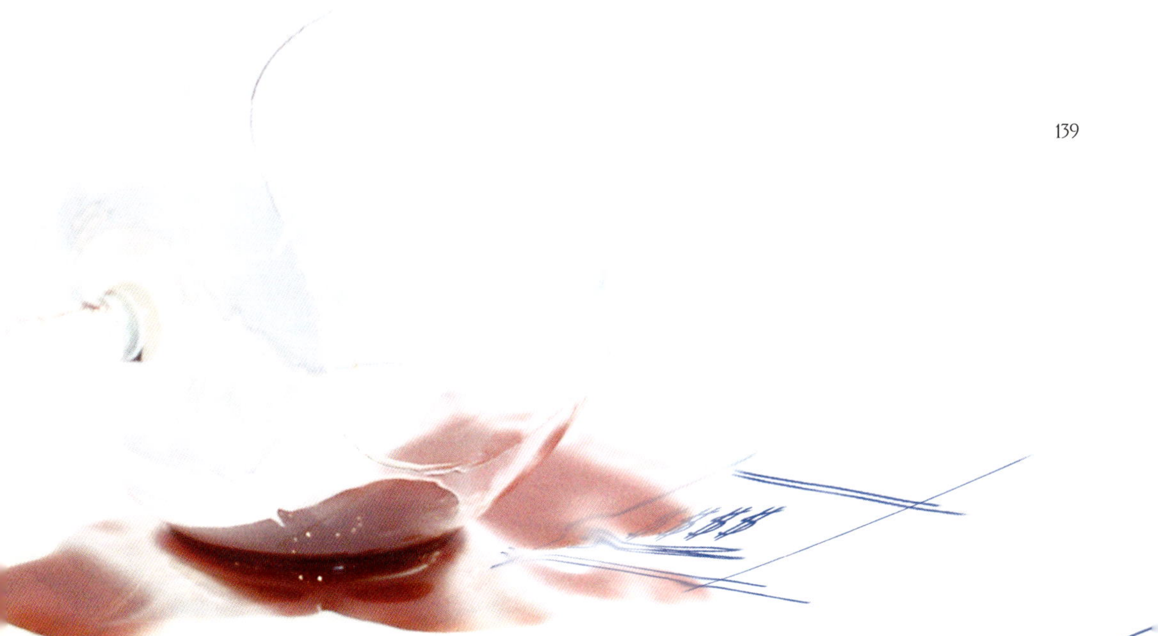

Inspirer

Quatre pros, un rêve commun

Inspirer. Dira-t-on jamais à quel point c'est important ? Inspirer un client, inspirer un collègue, s'inspirer soi-même. Ne pas être inspiré est très certainement un motif d'échec. Ne pas parvenir à inspirer ses clients, c'est ne pas savoir les fidéliser. Tout le monde aime se sentir inspiré, aime être ému. Une des entreprises les plus inspirantes que je connaisse s'appelle Made in Scotland. Et vous allez voir, ce n'est pas un hasard…

Il y a plusieurs années, quatre golfeurs professionnels, devenus amis au fil des ans, décident de collaborer occasionnellement. Deux Écossais, un Américain et un Néerlandais. Il faut savoir que les golfeurs professionnels sont de grands solitaires. La collaboration n'est généralement pas leur fort. Après tout, le golf est une activité où l'on est plutôt centré sur soi-même, pas vraiment un sport d'équipe. Ces quatre professionnels avaient déjà accumulé de nombreuses années de golf. Ils ne savaient d'ailleurs pas faire grand-chose d'autre : le golf dominait entièrement leur vie. De là à collaborer avec d'autres, il y avait un grand pas à franchir.

Genèse d'une entreprise

Avec le temps, pourtant, les quatre amis avaient réussi à créer une petite activité commerciale : ils emmenaient des clients à l'étranger pour faire du golf ensemble. Au fil des ans, ils s'étaient constitué une clientèle assez impressionnante, sans la développer vraiment. Un jour, après un tournoi de golf en Écosse particulièrement réussi, nos quatre amis rêvassaient tout haut autour d'un bon feu. Ils partageaient leurs rêves. Le rêve d'une entreprise extraordinaire qui leur permettrait de participer (avec leurs clients) aux plus beaux et plus exceptionnels tournois de golf.

C'est de ce rêve partagé qu'est née la société Made in Scotland. « Fabriqué en Écosse » avec un slogan tout simple : *Four professionals had a dream…* Quatre golfeurs professionnels avaient un rêve : créer leur propre équipe de golf dans un esprit d'excellence, de qualité et de fun. Inspirés par leur passion, ils mettent leur projet en œuvre, et créent Made in Scotland. Ce rêve est important et porteur d'inspiration. Voyez donc ce qu'il évoque : l'amour du sport, la recherche constante de la qualité, le souhait de toujours faire mieux, de toujours livrer le meilleur de soi-même. Ce sont des ambitions comme celles-là qui inspirent le monde.

Il fallait concrétiser ce rêve en faisant un premier pas, en se lançant. Comme presque tout le monde, nos quatre golfeurs professionnels n'avaient aucune expérience en création d'entreprise. C'était un élément à prendre en compte dans la réalisation de leur rêve. Pendant plusieurs années, ils ont cherché ce que serait ce premier pas, ce début. Comment donner forme à ses rêves ? Tout d'abord en s'y accrochant, sans compromission. J'ai rencontré nos quatre golfeurs début 2000, à l'occasion d'une rencontre de golf avec des clients, en Écosse. À l'issue de cet événement, particulièrement réussi, je leur ai proposé de leur consacrer une soirée pour les aider à créer leur entreprise. Car s'ils avaient leurs rêves, j'ai aussi le mien, qui consiste à créer des entreprises. Après ce premier contact prometteur, il y eut donc une première soirée, puis beaucoup d'autres. Et de ces soirées naquit un plan qui à son tour accoucha d'une entreprise. Une entreprise qui occupe désormais une vingtaine de personnes, et à laquelle sont aujourd'hui associées près de 70 autres entreprises. C'était donc si simple ? Avec cinq ans de recul, oui, c'était si simple. Même si tout ne s'est pas fait tout seul. Mais l'énergie que les quatre fondateurs ont insufflée à l'entreprise a inspiré les clients, les uns après les autres, à y participer.

Le client est un excellent golfeur

J'ai beaucoup appris pendant les cinq années qui ont suivi la constitution de la société, de même que nos quatre golfeurs professionnels. Car autant j'ai dû leur répéter, encore et encore, comment faire fonctionner leur entreprise, autant je me suis rendu compte que l'essentiel était évidemment ailleurs. Bien sûr, une entreprise se doit de fonctionner dans les règles. La gestion administrative doit être rodée, tout le volet juridique doit être parfaitement au point, les produits doivent été mûrement réfléchis, etc. Qu'elle soit grande ou petite, la machine administrative de l'entreprise doit toujours être bien huilée. En revanche, j'ai aussi appris tout le plaisir qu'on peut éprouver à travailler dans une entreprise où tout est fait avec soin et amour. Où rien n'existe que le client. Made in Scotland est une entreprise faite d'hommes et de femmes qui s'effacent toujours au profit du client. Le client passe avant tout, il a toujours raison, il est toujours un excellent golfeur. C'est une attitude que l'on rencontre assez rarement. Dans un restaurant ou dans un hôtel, parfois, le client est vraiment roi et le personnel est formé à lui être sans cesse agréable. Encore faut-il que ces qualités soient ancrées très profondément, jusque dans l'ADN de chaque collaborateur. C'est pour ça que certains hôtels et certains restaurants sont meilleurs que d'autres. Dans les uns, les collaborateurs sont agréables avec vous parce que « Ça se fait ». Or le but, l'idée, c'est qu'ils soient agréables avec vous parce qu'ils aiment ça. C'est ça, le secret. Être agréable avec le client parce que vous aimez ça et non par souci de conformisme. C'est quelque chose qu'on a en soi ou qu'on n'a pas. Et le client le remarque immédiatement. Quelle sensation extraordinaire que de remarquer que le traitement privilégié que vous recevez vient droit du cœur !

Peut mieux faire

Revenons-en au golf. Est-ce un sport ? Les avis sont partagés. Mais une chose est sûre, c'est que ça reste un exercice particulièrement difficile, voire même, parfois, un combat contre vous-même. Parce que plus vous faites de votre mieux, moins ça va. Dans ce cas, faites donc un tour avec les professionnels de Made in Scotland. J'ai souvent rencontré des joueurs néophytes, qui n'entendaient strictement rien au golf. Incapables de réussir une seule balle. De quoi bien gâcher leur plaisir. Eh bien, avec nos hommes de Made in Scotland, tout est différent. Ils ont ce talent rare de trouver, dans chaque coup raté, le germe d'un bon mouvement, et d'y apporter, lentement et précautionneusement, des améliorations. Des améliorations apparemment infimes au point d'être « magiques ». Voilà encore un de leurs secrets : si vous avez déjà joué au golf, vous savez que trop modifier votre jeu en une fois risque de le dégrader plutôt que de l'améliorer. En revanche, donner confiance au client, le complimenter sur ce qui va bien tout en améliorant le reste, permet de faire en sorte que cela reste amusant, et que ça le devienne de plus en plus.

Il n'est pas rare de voir un client qui commence son parcours plutôt morose en sortir joyeux, heureux d'avoir bien joué, suivi du professionnel de Made in Scotland tout sourire. Donner envie à leurs clients d'améliorer leurs performances est un don. Savoir ensuite s'effacer discrètement pour laisser le client parler affaires est une qualité qu'on a – ou qu'on n'a pas – et qui ne s'apprend pas.

Made in Scotland n'est pas une entreprise, c'est un clan. C'est la dénomination que nous avons choisie il y a cinq ans, mais c'est aussi ce que c'est devenu. Le clan fait partie du patrimoine séculaire écossais. Officiellement, les clans n'existent plus, mais le sentiment clanique y est toujours extrêmement présent. Un clan est une famille, dotée d'un véritable sens de la famille, qui donne envie d'en faire partie.

Le clan Made in Scotland a même son propre tartan, ses propres carreaux écossais, et son propre kilt. C'est ainsi que les hommes de Made in Scotland ont créé une entreprise qui est aujourd'hui une famille. Inspirante, énergisante. À laquelle on a envie d'appartenir. Voir ainsi l'inspiration se développer jusqu'à devenir le cœur même d'une entreprise est une expérience extraordinairement enrichissante, car extrêmement rare.

Des entreprises qui inspirent

J'adore l'atmosphère de Silicon Valley ou de Dubaï. De même, je préfère de loin travailler dans de petites entités que dans de grandes structures. Pourquoi ? Parce que certaines atmosphères ont le don de m'inspirer. Elles me galvanisent, alors que d'autres m'épuisent. Il y a peu, j'étais à Dubaï. Pendant des années, on y lançait, semaine après semaine, de nouveaux projets plus ambitieux les uns que les autres. Rien n'était trop fou et tout était possible, à condition de contribuer à l'objectif suprême, gagner de l'argent. Aussi contestable que soit cet objectif, il n'en reste pas moins que la pugnacité avec laquelle Dubaï tente d'atteindre ses objectifs est phénoménale. Opportuniste. Quand Dubaï s'est lancée, il y a dix ans, dans le développement de projets pharaoniques, tout le monde prenait les habitants de ce petit État du Golfe pour des fous. Ces derniers temps, les critiques parfois acerbes n'ont pas manqué, mais la crise n'a pas entamé leur détermination. Voyez ce à quoi ils sont arrivés et dès qu'ils le pourront, ils continueront sur leur lancée.

Au boulot !

Qui n'a pas entendu parler de Palm Island, l'île artificielle en forme de palmier aménagée au large de Dubaï ? À l'aube de ce projet, dans le milieu des ingénieurs, je n'entendais qu'interrogations et doutes. Était-il réalisable ? Avait-on poussé assez loin les analyses techniques ? Quelles allaient être les conséquences sur l'écosystème, sur les schémas d'écoulement des eaux ? Rien de tout cela n'avait été vraiment étudié, car il fallait terminer le projet rapidement. Aujourd'hui, Palm Island est achevée. Des ingénieurs néerlandais y ont construit des maisons à un rythme accéléré, inimaginable en Europe. Les Dubaïotes ont même aménagé, un peu plus loin, une île artificielle en forme de mappemonde. Ce rythme, cet enthousiasme et surtout cet appétit d'action, omniprésents à Dubaï, sont pour moi une extraordinaire source d'inspiration. Effectivement, on ne s'encombre guère de réglementation. Pas de blabla, des actes. C'est la véritable règle.

Aux Pays-Bas, lancer un projet tel que la construction d'une île artificielle serait totalement inconcevable. À plus petite échelle, même l'aménagement d'un terrain de golf tient de la gageure. Rien que l'obtention d'un permis pour aménager une île artificielle au large des côtes prendrait dix ans, au bas mot. Il y a d'ailleurs eu quelques tentatives, immédiatement rejetées. Ne devrions-nous pas nous intéresser davantage à ce qui se passe autour de nous ? À ce que font nos « concurrents » ? Ainsi, outre les îles, Dubaï a construit un deuxième aéroport dont l'ambition avouée – devenir le premier aéroport mondial – pourrait bien ravaler d'ici dix ans les aéroports de Paris au rang de petits aéroports de province. Les deux aéroports de Dubaï pourront accueillir, d'ici dix ans, jusqu'à 180 millions de passagers. Imaginez qu'un aéroport européen veuille lutter contre cette menace, et entame l'interminable procédure d'aménagement de nouvelles pistes. Le temps d'avoir reçu les autorisations indispensables, disons dix ou quinze ans, il sera trop tard. Voilà qui n'est guère enthousiasmant. Je vois Dubaï comme une organisation. Dubaï a beau être un pays, en réalité, elle est gérée comme une entreprise ; c'est une entreprise. En comparaison, l'Europe est une organisation sclérosée, entravée par des myriades de règles, peu enthousiasmante et qui ne dégage aucune énergie.

Croquez à pleines dents

Il y a une différence entre une organisation qui vous inspire et une personne, un leader, capable de vous inspirer. C'est pourtant le même verbe, inspirer, mais avez-vous remarqué que certaines organisations sont capables de vous inspirer alors que leur leader ne l'est pas ? Ou que certains leaders vous inspirent sans que l'organisation éveille la même sensation ? C'est ce dernier cas qui est d'ailleurs le plus fréquent. Les exemples d'entreprises absolument incapables d'inspirer un client ou un collaborateur sont fréquents, alors que leur leader a cette capacité d'inspirer. Peut-être n'a-t-il pas encore eu l'occasion de transmettre toute son énergie ? Prenons le cas d'Apple. Depuis des années, cette société, cette marque, inspire le grand

public, par millions. Son dirigeant actuel inspire ses collaborateurs. Même le logo, la pomme entamée d'un coup de dents, est une transgression des règles, une lutte contre les conventions.
Respirons à fond. Inspirer, c'est « insuffler une nouvelle vie ». C'est encourager à l'action, donner de l'énergie, rendre heureux, engendrer la créativité. C'est appeler l'adhésion. Pour une entreprise qui veut réussir, inspirer ses clients est une des plus belles prouesses. Dubaï, l'État-entreprise, a été une source d'inspiration pour des millions de personnes du monde entier. Celles-ci ont voulu participer à son succès, s'y installer, imaginer des projets susceptibles d'y être réalisés. Pendant des années, les projets se sont succédé comme l'éclair. Et c'est Dubaï qui en est la source d'inspiration. Ce que ce pays irradie, c'est la liberté d'entreprendre. La rapidité de décision. En donnant cette inspiration, Dubaï atteint ses propres objectifs. Le leader de Dubaï, tout comme son père, est un homme qui a le don d'inspirer ses semblables. L'un comme l'autre ont une vision de l'avenir de leur pays. Une histoire qui sonne haut et clair, une histoire compréhensible et inspirante.

Vision à vendre ?

J'en reviens toujours à la notion « d'histoire ». Vous pouvez appeler ça un rêve, une vision. Qu'est-ce que c'est qu'une entreprise sans vision ? Ce n'est rien, absolument rien. Que voulez-vous être dans ce monde ? Qui voulez-vous être ? Voilà ce que vos clients et vos collaborateurs veulent savoir. Autrement dit, le leader que vous êtes se doit de leur proposer une histoire, une histoire authentique, qu'il doit littéralement porter. Le leader a une vision, il a une histoire, il inspire ses collaborateurs qui à leur tour inspirent les leurs. En toute authenticité. Car vous le savez, l'inauthenticité est infailliblement percée à jour. Quant à l'entreprise, puisqu'elle est porteuse de cette inspiration, elle inspire à son tour ses clients, elle les touche pour de vrai, parce qu'elle baigne dans l'authenticité.
Vous comprendrez que je m'étonne, depuis longtemps, de voir de grands cabinets de consultants très réputés conclure encore et toujours d'importants contrats en vue de développer une vision pour leurs clients. Des fortunes sont ainsi dépensées pour créer de toutes pièces une histoire, une vision ou une stratégie à long terme. Qui sont ensuite communiquées à l'entreprise à coups de présentations, de vidéos, de mémos. Pas une once d'authenticité là-dedans. Faute de venir de l'interne, cette vision ne peut être qu'artificielle. Elle ne convainc pas. Elle disparaît donc très vite au fond d'un tiroir. Est-ce donc si difficile de mettre au travail les dirigeants eux-mêmes, pour récolter des informations et développer leur propre vision, une

vision à laquelle ils croient, qu'ils défendent avec cœur devant leurs clients, leurs collaborateurs, leurs actionnaires et toutes les autres parties prenantes de l'entreprise ? Raconter sa propre histoire, transmettre son propre rêve à d'autres, voilà qui donne matière à l'inspiration. C'est tellement amusant, tellement évident ! Ça prend du temps, c'est vrai. Le temps de la réflexion. Des entrepreneurs tels qu'André Citroën, Richard Branson, Yves Rocher, Pierre Bouygues, pour n'en citer que quelques-uns, avaient un rêve. Ils n'avaient en aucun cas besoin de consultants externes. Leur rêve était facile à transmettre, stimulant, motivant et inspirant.

Une entreprise sans inspiration manque d'énergie ; dès lors, automatiquement, elle se meurt. Pour se refaire une santé, elle appelle des consultants à la rescousse : « Cher consultant, comment dois-je faire pour inspirer mes clients ? » Cette question est ridicule. L'inspiration, ça ne s'achète pas au kilo. C'est pourtant tellement simple : demandez à vos clients qu'ils vous orientent. Ça, c'est une question qui inspire.

Plus surprenant encore, c'est l'attitude des entreprises qui décident de se réinventer. Elles se focalisent sur la réorganisation de leur structure et leur nouveau logo. Comme si la perception du marché ne tenait qu'au logo. On ne néglige aucun effort, on ne recule devant aucune dépense pour modifier l'image et revoir l'organisation. Les consultants externes font ça très bien. Et en passant, on oublie le principal, ce qui touche le client. Toucher, émouvoir, tout est là. Le client veut être touché : ces émotions, il veut les ressentir. Et c'est pourtant là que le management va faire des économies.

Votre propre histoire

Pour le management, bien souvent, tout cela coûte beaucoup trop cher : parler à l'imagination des collaborateurs, leur ouvrir des horizons, proposer un environnement de travail agréable, rire, plaisanter. Tous ces éléments porteurs d'un nouveau souffle de vie, véritablement inspirants, passent régulièrement à la trappe, oubliés. Et c'est ainsi qu'on voit des entreprises se doter d'une nouvelle structure, d'un nouveau logo, mais rester flanquées de la même culture, totalement dénuée d'inspiration, d'histoire et d'authenticité. Alors que cette histoire, vraie, née au plus profond de l'âme, est essentielle !

Lorsque le groupe TNT a annoncé son appui au programme alimentaire des Nations unies, le marché a été suspicieux. Non pas parce que l'initiative paraissait mauvaise, mais parce que l'on était en droit de se demander si elle était authentique ou s'il s'agissait d'une simple opération commerciale. C'est ça, l'importance de l'authenticité.

Lorsque la direction de l'aéroport d'Amsterdam nous a mandatés pour développer une stratégie à long terme, nous avons décidé d'appuyer nos travaux sur la sincérité de ses dirigeants. Quant à notre concurrent, l'un des plus grands cabinets mondiaux de conseil, il ne fut pas retenu parce qu'il affirmait détenir toutes les connaissances nécessaires pour mettre au point la meilleure stratégie pour l'aéroport. De notre côté, nous nous sommes contentés d'apporter aux dirigeants de l'aéroport l'inspiration nécessaire pour qu'ils développent leur propre stratégie, une stratégie authentique, qui leur appartenait en propre.

Pour un leader, il est impensable d'inspirer une organisation sans lui proposer une histoire. Quelle qu'elle soit. La seule chose qui importe, c'est l'authenticité. Car l'authenticité est toujours inspirante.

Points clés à méditer

Quel souvenir voulez-vous léguer à l'éternité ? Un site néerlandais propose de déterminer vous-même l'image que vous souhaitez laisser de vous. Le site www.eternity4all.com réserve au seul usage de ses abonnés un espace virtuel pour des photos, des images vidéo et du texte. Vous pouvez l'actualiser tout au long de votre vie. Par la suite, le souvenir reste disponible pour l'éternité. Voilà une idée qui a de l'avenir...

Il a fallu beaucoup d'entrepreneuriat créatif pour donner forme à cette ambition d'éternité. Faire vivre cette idée et la porter ainsi à son terme... et au-delà n'a pas été simple. L'idée elle-même est née d'une simple réflexion : chacun d'entre nous a le droit d'écrire l'histoire, son histoire. En même temps, Eternity4all oblige chacun à une réflexion et à une prise de conscience : à quoi vais-je me résumer ?

Que serions-nous sans nos rêves…

Chacun d'entre nous a des rêves. Des rêves de choses à accomplir. Des rêves d'un monde meilleur, des rêves parfois plus grands que la vie, *bigger than life* comme disent les Américains. Tout rêve n'est qu'illusion, dit-on, mais bien malin qui pourrait s'en passer. Les rêves sont le carburant de la vie. Que serait une nuit sans rêves ? Que serait une vie sans idéaux, sans ambitions… ?
Sans rêves, aucun entrepreneur ne lancerait jamais de projet. D'ailleurs, sans rêves, ce ne serait pas un entrepreneur.

Petit rêve, rêve grandiose : aucune importance. Plus exactement, il n'y a que de grands rêves. Parce que le rêve que caresse un enfant de gagner son tournoi de tennis n'est pas éloigné du rêve que fait l'administrateur d'atteindre les sommets avec son entreprise. C'est le même rêve. Ce qui est dommage, c'est que les rêves finissent souvent par s'estomper. Rationalisés à mort.

Profondeur

J'échangeais un jour quelques mots avec le directeur commercial d'un grand groupe. Il passait ses journées à rencontrer des clients, à parler de projets, de chiffre d'affaires et de perspectives. Mais jamais encore, il n'avait osé parler « rêves » avec un client. De quel droit, après tout ? Aborder un client et lui parler de ses rêves ? Passer pour un imbécile ou être ridicule ? Et puis quoi encore ? Mais un jour, en allant chez un client par un temps ensoleillé, il se dit : « Et si j'osais ? » Et quelque temps après être arrivé chez le client, il prononça la question fatidique : « Mais au fait, quel est votre rêve ? » Silence. Le client ne marque aucune surprise. Il ne cille pas, il regarde l'horizon. Ses lèvres dessinent lentement un sourire. Et il commence, avec mille précautions, son histoire. Lentement. L'histoire de sa vie, de sa famille, de ses ambitions, de ses objectifs et de son avenir. Impossible de l'arrêter. Il parle, encore et encore. Une expérience incroyable : tant d'énergie, tant de passion. Mon commercial se demande ce qu'il a bien pu déclencher et découvre cette sensation inconnue de lui : il a créé avec ce client un contact authentique alors que jusqu'à maintenant, il se contentait de lui parler de produits et de services. Désormais, c'est différent, c'est profond.

A-t-il vendu quelque chose pendant cet entretien ? Non, rien. Il a créé un lien. Un lien grâce auquel, à l'avenir, il restera proche de ce client. Grâce auquel il a donné au client, pour la première fois, le sentiment d'avoir mené une vraie conversation, qu'il aimerait renouveler souvent. Ce fut un moment grandiose, un succès.

Le patron d'un grand groupe néerlandais m'a chargé un jour de mettre en place avec ses principaux clients une relation vraie. L'idée consistait à organiser des sessions sur leurs rêves et sur leurs ambitions. C'était un phénomène nouveau, où l'idée de vente n'était vraiment pas primordiale, mais où nous voulions avant tout jeter les bases d'une relation à long terme. À la veille de la première session, il me demanda pourquoi tous ces clients allaient m'expliquer leurs rêves, à moi ? Très sincèrement, je ne savais pas trop quoi lui répondre.

Le monde de mes rêves

Et pourtant, dans chacun de ces exemples, l'explication est la même, et elle est extrêmement simple. Chacun d'entre nous aime parler de ses rêves avec quelqu'un. L'être humain a besoin de pouvoir parler de ses rêves. Et il n'a guère l'occasion de le faire. Un enfant qui a eu un rêve fantastique en parle facilement. À ses parents, à l'école, à ses amis. Et il en parle avec passion. Il ne manque d'ailleurs pas de l'enjoliver à l'occasion. N'est-ce pas extraordinaire ? Raconter des histoires qui vous tiennent à cœur, des histoires qui vous donnent le courage et l'énergie d'apprendre, de vivre.

Quand perdons-nous cette capacité à rêver ? À partir de quand trouvons-nous puéril de parler de nos rêves ? Une chose est sûre : dans l'entreprise, nous n'en parlons plus. Cela ne sert à rien. Cela ne contribue pas à la rentabilité de l'entreprise. Ce n'est pas mesurable et cela ne fait pas partie de nos indicateurs de performance. Connaissez-vous quelqu'un qui, au cours d'un entretien d'embauche, s'est vu demander quels étaient ses rêves ? À quoi bon ? Nous préférons parler de CV, de compétences et d'expériences, pour voir si notre profil correspond à celui de l'emploi vacant. Mais parler de rêves ? Ah non, ça ne cadre pas. Alors que nous savons qu'une entreprise se compose de dizaines, de centaines, voire de milliers de personnes qui portent chacune leurs rêves en elles. Ces rêves sont bien là, soigneusement réprimés, mais bien présents. Et ils influencent bien plus nos comportements que les ambitions d'avancement ou d'augmentations de salaire. Tel grand dirigeant, dont le somptueux bureau domine la ville, qui bénéficie d'une rémunération royale, se laisse parfois aller à rêver de ses enfants, d'un voilier ou d'un parcours de golf. Parfois, ces rêves-là prennent le dessus, le rêveur s'échappe de son quotidien et se rend compte qu'il y a bien plus que cela dans la vie.

Se réveiller pour rêver. Ou rêver pour se réveiller ? C'est plutôt ça. Tout le monde a des rêves, il n'est pas nécessaire d'avoir une fonction dirigeante pour cela. Le facteur, lui aussi, rêve d'un jardin fleuri et d'une jeunesse heureuse pour ses enfants. Les rêves ne connaissent pas de distinctions sociales.

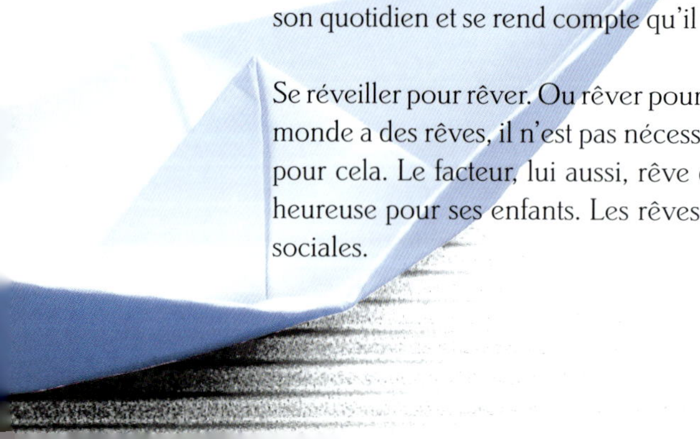

Je rêve que je déplace une montagne

J'en reviens donc à ma question. Pourquoi ces rêves restent-ils lettre morte ? Pourquoi ne laissons-nous pas les gens vivre leurs rêves ? Parce que cela ne rapporte rien ? Nous savons pourtant que raconter ses rêves déclenche la passion et l'énergie qui nous aident à déplacer les montagnes, où que nous soyons. Nous imaginons sans cesse des programmes, des discours, des séminaires résidentiels destinés à donner de l'énergie à nos collaborateurs. Nous nous cassons la tête pour apporter de l'énergie à l'organisation, et nous négligeons le plus facile, le plus évident, le plus immédiat : nos rêves.

On m'a récemment montré les cartes de visite d'une petite entreprise. Au recto figure le nom de l'entreprise, le nom du collaborateur, ses coordonnées. Classique, très chic. Mais au dos de la carte se trouve quelque chose de remarquable. Chaque collaborateur y a inscrit quatre mots qui décrivent ce qui le passionne. Quelques mots tels que « kung-fu », « bière », « Alfa Romeo », « Bon Jovi », « Ukraine », « *Danse avec les loups* », « maman », etc. qui représentent leurs rêves. Chaque carte de visite donnée à un interlocuteur suscite une question, lance une conversation qui parle de rêves et d'ambition. Une conversation vraie, facile à mener et agréable. Parce que parler de rêves et parler de passion est à la portée de tout le monde. Le seul fait de distribuer ces cartes amorce une relation. Personne n'oublie ces cartes et personne n'oublie les visages derrière ces cartes. Quelle manière extraordinaire de transformer des rêves en énergie, de créer des relations ! Et vous me demandez si je parle encore affaires ?

Dévoiler les innombrables rêves qui vivent dans une organisation est un art. Dévoiler ces rêves, c'est libérer les énergies de l'entreprise. Savoir qu'ils ont le droit de rêver et que leurs rêves sont appréciés reconnecte les gens avec leur enfance, cela les rend heureux. N'est-il pas singulier que nous ayons épuisé cette gigantesque source d'énergie ? Que nous en soyons arrivés à penser que parler de ses rêves est bizarre ?

D'ailleurs, oser parler de ses rêves déclenche des conséquences parfois inattendues. C'est ainsi qu'au détour d'une conversation avec le P-DG d'un grand groupe, nous avons abordé la question des rêves. Ce fut bien entendu une conversation interminable. Et pourtant, arrivé au terme de la conversation – ou devrais-je dire de son monologue ? – cet homme regarda devant lui et me dit : « Quand je m'écoute, quand je m'entends dire ce que je veux faire de ma vie, j'ai l'impression que je n'ai plus rien à faire ici. » Devant une conclusion aussi radicale, il n'y avait plus qu'à se taire. Quatre mois après cet entretien, la presse annonçait sa démission

pour raisons personnelles. Il avait décidé de poursuivre ses rêves. Une décision courageuse, mais la seule juste.

Laissez-vous guider par votre fantaisie

Qui d'entre nous s'accorde le temps de penser à ses rêves ? À force de bosser et de courir du matin au soir, nous prenons trop peu le temps de réfléchir aux choses importantes de la vie, de notre si courte vie. Combien de gens décident de poursuivre encore leur carrière quelque temps, avant de se consacrer à leurs rêves, parce qu'ils sont convaincus que c'est la seule solution possible ? Qu'ils n'ont pas assez d'argent pour vivre leurs rêves ? Conclusion : ils rangent leurs rêves au frigo. Provisoirement, croient-ils. C'est une terrible erreur. Chaque homme, chaque femme dispose à tout instant de la liberté de choisir. Mais notre éducation, les conventions, nous incitent à croire le contraire. Nous nous laissons enfermer dans une vie sans rêves.

Mon père avait un rêve, et c'était la marche. Marcher, toujours marcher, dans les plus beaux paysages du monde. C'était sa passion, et il entraînait un peu partout ses enfants, petits, pour marcher avec lui. À 53 ans, avec quatre enfants étudiants, il a osé démissionner pour devenir guide, au salaire minimum. Pour moi, c'est l'exemple absolu. Oser se livrer à sa passion, se laisser guider par son cœur, coûte que coûte. Ne pas attendre qu'il soit trop tard. Agir. Maintenant.
Des rêves, tout le monde en a. Mais la plupart des rêves sont enfouis, cachés. « Ce sera pour plus tard. » Trop tard.

Les gens qui vivent leur rêve sont des gens qui pétillent. Quand les gens pétillent, les entreprises pétillent aussi. C'est le plus beau des rêves d'entreprise. Autrement dit, stimulez vos collaborateurs à vivre leurs rêves ! Bien sûr, ils peuvent (doivent !) en tout cas vivre les rêves de leur sphère privée, mais imaginez ce qui se passe quand on leur donne l'espace suffisant pour accomplir leurs rêves dans la sphère professionnelle ?

Lorsque votre environnement vous défie, vous aide à vous développer et à mettre vos idées à l'épreuve, les objectifs motivants viennent d'eux-mêmes. Google donne à ses collaborateurs la liberté, un jour par semaine, de s'occuper d'une activité qui les motive. Imaginez ce qui se passerait si vous proposiez à vos collaborateurs, un jour par semaine, de combiner leurs efforts avec les collègues avec qui ils ont envie de travailler. Qu'arriverait-il ? Je pense qu'il en sortirait très rapidement des initiatives intenses, créatives, entreprenantes, positives pour tout le monde. Tant pour les collaborateurs, motivés, que pour l'entreprise. Il est grand temps de rêver et de donner vie à vos rêves. De ces rêves naîtra un pétillement fait pour durer.

On recherche :

une vision !

Développer une vision prend du temps, beaucoup de temps. Et les leaders visionnaires sont rares, ce qui explique pourquoi des consultants tels que McKinsey ont encore du pain sur la planche.
Lors d'un comité de direction auquel j'assistais, tous les directeurs d'une grande SSII étaient réunis autour d'une table. Ils échangaient leurs points de vue sur le budget de l'année à venir. Après quelques observations sur les taux de croissance, nous finissons par parler un peu des clients. L'ambiance est relativement détendue, jusqu'au moment où l'un des directeurs fait remarquer qu'il n'a pas la moindre idée de ce qui va se passer l'année prochaine. À ma réponse, que j'en ai, moi, une idée assez précise, il éclate de rire, et s'écrie : « Personne ne peut savoir ce qui va se passer l'année prochaine. » Les bras m'en sont tombés. Bien sûr, prédire avec exactitude l'avenir à moyen terme est impossible, mais nous connaissons assez bien les éléments constitutifs qui vont déterminer l'ensemble. Nous les connaissons même bien mieux que par le passé : le monde ne rétrécit-il pas de jour en jour ?

Ce qui était le plus déroutant, c'est que ce personnage dirigeait une division où travaillaient près de mille collaborateurs. Des collaborateurs encombrés, à mes yeux, d'un directeur qui n'avait pas la moindre idée d'où il allait. Étonnant, non ? Tout aussi déconcertant que cette déclaration, recueillie un autre jour du P-DG d'un groupe informatique, qui clamait ne pratiquement rien connaître à l'électronique. Imaginez le tableau, devant le conseil d'administration : « Mesdames et messieurs, je vous remercie de la confiance que vous me témoignez en me remettant les rênes de cette entreprise, sachant que je ne comprends pas ce que l'on y fait… et que dans le fond, ça m'intéresse assez peu. » Comment avoir confiance en lui dans ces conditions ? Un leader se doit de connaître à fond son marché ; il doit pouvoir expliquer l'orientation de son entreprise pour les dix prochaines années. C'est ce que nous appelons une vision. Parfois, cette vision se transforme en un rêve ou en une ambition.

Il ne fait aucun doute qu'un leader sans vision n'a aucune capacité d'inspiration. C'est aussi un mauvais leader. Car un leader doit pouvoir appuyer ses décisions, si petites soient-elles, à la vision qu'il a pour l'entreprise. Cette vision facilite extraordinairement la prise de décision.

Attention…

J'en reviens à ce directeur persuadé qu'il était impossible de savoir ce qui allait se passer l'année suivante. Prenons l'exemple du groupe Intel, le fabricant de processeurs pour ordinateurs. Croyez-moi, voilà un groupe qui a une assez bonne vue du développement de son marché dans les dix prochaines années. Ses équipes sont bien placées, dans leurs laboratoires, pour émettre leurs prévisions avec un certain degré de certitude. Mais Intel n'est pas le seul groupe à avoir une très bonne idée des développements technologiques qui nous attendent d'ici la prochaine décennie. Microsoft le sait aussi. Elles sont nombreuses, les entreprises du secteur technologique, qui savent exactement où elles vont. Un dirigeant de SSII qui s'informe un peu sur son marché peut donc émettre des prévisions d'assez bonne qualité, surtout s'il les limite au seul exercice comptable suivant. En 1996, nous avions la certitude qu'Internet allait jouer un rôle décisif en Europe. À l'époque déjà, certaines entreprises abordaient ce marché de manière rentable. Et pourtant, six ans plus tard, en 2002, le directeur d'un important éditeur me demandait s'il y avait ne fût-ce qu'une entreprise profitable dans le secteur de l'Internet. De quelle hibernation sortait-il ? Connaissait-il le monde dans lequel évoluait son entreprise ? Manifestement pas. Faute de vision, cet éditeur n'a pas manqué de connaître par la suite d'énormes difficultés. Faute de prêter attention à ce qui se passe dans le monde, faute de (vouloir) investir du temps dans la réflexion, l'observation et l'écoute du monde, certaines entreprises manquent dramatiquement de vision.

Un leader se doit d'étudier avec beaucoup d'attention le monde qui l'entoure. Ce n'est pas pour rien que l'image du capitaine aux commandes de son navire lui convient si bien. Ce n'est pas lui qui pilote le navire, mais c'est lui qui en détermine la destination finale, l'objectif. Et c'est lui qui prend les décisions dans les situations critiques. Il a sa vision de la destination à atteindre. Observer, écouter et réfléchir prend du temps. Beaucoup de temps. Cela demande aussi du repos, indispensable pour pouvoir mettre de l'ordre dans

ses idées. Mais c'est surtout une activité des plus intéressantes et plaisantes. Car observer, écouter et réfléchir pour savoir où va le monde qui vous entoure est extrêmement inspirant. J'ai visité la Silicon Valley des dizaines de fois, et j'en ai toujours ramené quelque chose : une idée, une image, un produit, une stratégie. Bref, ce concentré de créativité appelé Silicon Valley m'a toujours inspiré. Et c'est pour cela que je continue d'y retourner. Parce que, encore aujourd'hui, c'est la Silicon Valley qui réunit les esprits les plus créatifs de la planète, et qu'observer et écouter ce qui s'y passe est passionnant. C'est le genre d'endroit où il faut savoir se rendre sans objectif précis. Y aller et y passer du temps peut déjà s'avérer extrêmement productif. Parce que développer une vision prend du temps. Il ne suffit pas de claquer des doigts. Et on ne sait jamais d'avance à quel moment la vision prend forme.

Qui se ressemble s'assemble

Des endroits qui attirent les esprits extrêmement créatifs, il en existe un peu partout dans le monde. Fait remarquable, le talent s'y agglutine, s'y rassemble par dizaines ou par centaines. C'est un fait : le talent attire le talent. Combinés, le talent et l'argent font des miracles. Le talent attire l'argent et l'argent attire le talent. Aux Pays-Bas, on s'est souvent demandé s'il n'était pas possible de créer un « Silicon Polder ». Bien sûr, ce serait tout à fait possible ! Ce n'est pas qu'une question de climat. Ou plutôt : c'est une question de climat entrepreneurial. Et ça, dans un pays où la culture entrepreneuriale n'est pas toujours appréciée à sa juste valeur, ce n'est pas si facile à créer. Du coup, les talents s'exportent.

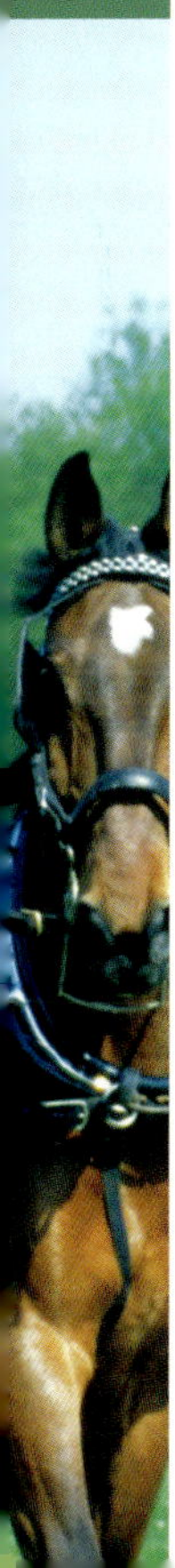

Développer une vision est bien plus facile quand on fréquente ces hauts lieux de l'innovation. Pour un groupe multinational, implanter son centre de recherche dans la Silicon Valley ou une antenne régionale à Dubaï est un fabuleux outil de contact avec les centres créatifs du monde. Être implanté là où se lancent les tendances est un impératif incontournable. Quand, à la fin des années 1990, j'ai entamé la réorganisation d'un éditeur de logiciels, certains me demandaient à quel moment je saurais ce qu'il convenait de faire. Je répondais que je ne savais absolument pas à quel moment la stratégie à suivre m'apparaîtrait clairement, mais que cela me prendrait probablement deux ou trois mois. Cette réponse ne devait être que partiellement satisfaisante, pour qu'on m'en pose une autre, plus difficile : « Comment sauras-tu si ta vision est la bonne ? » Eh bien justement, c'est ça l'angoisse : je suis persuadé qu'on n'en est jamais certain. Mal orientée par une vision qui n'a pas de sens, il est tout à fait possible que l'entreprise coule, si on ne redresse pas la barre assez vite. L'histoire regorge d'exemples d'entreprises qui ont succombé à une mauvaise vision. C'est ainsi. Êtes-vous prêt à l'assumer ?

Malgré tout, mieux vaut une vision erronée que pas de vision du tout. Sans vision, le navire perd toute capacité d'inspiration, navigue sans gouvernail.

Qui donc voudrait monter à bord ? Construire une vision prend du temps. Il faut donc se donner le temps de réfléchir à ce que l'on voit autour de soi. Il faut aussi penser à l'impact de ces observations sur l'entreprise. C'est absolument vital. Le P-DG d'un grand groupe d'intérim m'expliquait qu'il pouvait déjà établir avec une grande précision les déficits de compétences qui vont apparaître sur le marché de l'emploi au cours des dix années à venir. Et même leur localisation géographique. Et pourtant – il y a de quoi en frémir – très peu d'organisations s'y préparent. C'est peut-être compréhensible, car ces déficits se ne sont pas encore apparents aujourd'hui. Faute de vision, on observe donc un peu partout une attitude attentiste, voire même autosatisfaite. Car une entreprise qui tourne bien ne ressent que rarement la nécessité de s'attaquer à des problèmes qui ne se concrétiseront que dans l'avenir.

Est-ce judicieux ? Eh bien, non, ça ne l'est pas, c'est même inacceptable. Toutes les parties concernées, les fameuses « parties prenantes » en orbite autour d'une entreprise devraient s'intéresser bien davantage à la manière dont celle-ci s'occupe de son avenir. Quelle est la vision de l'entreprise ? Qui l'a définie ? Comment l'entreprise la vit-elle ? Comment est-elle intégrée dans l'entreprise ? Quels efforts l'entreprise consent-elle pour assurer non seulement son existence aujourd'hui mais aussi sa pérennité, demain ? Quels sont les efforts auxquels s'astreignent concrètement, physiquement, les leaders de l'entreprise ? Je ne parle pas de confier des missions d'études à des consultants extérieurs, mais de réaliser des actions concrètes, de prendre son bâton de pèlerin, de libérer personnellement du temps pour observer et analyser son propre marché et les marchés limitrophes. Se pencher sur la pérennité d'Apple ou étudier la remarquable réorientation stratégique de ce groupe lorsqu'il a quitté le secteur informatique au profit de l'électronique grand public est à la fois instructif et amusant. Il y a tant d'entreprises qui ne se rendent pas compte qu'elles aussi devraient prendre de telles décisions.

On recherche : une vision !

Pour être un leader visionnaire, il vous faut ce que les Allemands appellent le *Fingerspitzengefühl*, une grande sensibilité. Des tripes, de l'instinct. Pour mener votre entreprise à bon port. Un leader doit être le premier à observer les changements dans les marchés. Pour pouvoir modifier le cap, en bon capitaine, dès qu'il en sent la nécessité et pas à la dernière extrémité, comme c'est trop souvent le cas.

Rechercher une vision ? Cette question est tout aussi primordiale que celle du bénéfice de l'année. N'hésitez pas. Développer une vision est un exercice amusant, qui vous donne une formidable énergie et réclame énormément de créativité.

Le leader,
un animal rare

Des chefs, on en trouve à tous les coins de rue. Souvent, ils ne sont nommés que pour occuper un poste dans une organisation en râteau. Cette organisation permet – ou devrait permettre – à un chef d'assurer un rôle hiérarchique auprès d'un certain nombre de personnes. Cette responsabilité est d'ailleurs souvent associée à la notion d'étendue du contrôle : le nombre de personnes qu'on peut diriger sans perdre la vue d'ensemble. En général, ça représente une dizaine de personnes. En dessous de ces dix personnes figure un autre râteau avec d'autres personnes. Et ainsi de suite, selon la taille de l'entreprise. Dans un groupe qui compte 10 000 collaborateurs, on en arrive vite à quatre niveaux de management. Autrement dit, si un collaborateur du niveau inférieur veut s'adresser au grand patron, il est évidemment censé s'adresser successivement à chacun de ces quatre niveaux de management. Ce qui, généralement, est sans effet. Et quand, par miracle, cela fonctionne, le message prend beaucoup de temps pour monter et redescendre. Le plus souvent, on n'apprécie pas, dans les entreprises, que les niveaux inférieurs tentent d'approcher directement le grand patron. Pour diverses raisons. L'une de ces raisons est que les chefs intermédiaires n'aiment pas qu'on passe par-dessus leur tête. Ou alors, le grand patron est trop occupé pour accepter que 10 000 collaborateurs puissent l'approcher individuellement. Je pourrais vous citer encore beaucoup d'autres raisons, bonnes ou mauvaises, expliquant pourquoi il n'est pas souhaitable de voir la communication passer outre les différents niveaux de management.

Cette structure en râteau amène plusieurs réflexions. La première, c'est qu'elle semble archaïque. Désuète, dépassée. Après tout, elle a été imaginée il y a plus d'un siècle, à l'époque du travail mécanique, dans des entreprises aux structures pesantes. À l'époque, ce schéma hiérarchisé était sans doute efficace, avec des chefs, des lignes hiérarchiques strictes et des descriptions de fonction d'une précision clinique. Ces descriptions de tâches ont pratiquement disparu, d'ailleurs. Il n'y a pas si longtemps, pourtant, on demandait à des cabinets conseil de rédiger des descriptions de poste détaillées jusqu'à préciser le temps que le collaborateur consacrait à chaque tâche. Cette pratique est un vestige de la modélisation des processus de fabrication, où l'on déterminait, opération par opération, le temps qu'une personne était autorisée à y consacrer. Ces données permettaient d'établir des schémas de calcul très minutieux qui alimentaient des systèmes administratifs extrêmement détaillés, comme ceux élaborés par le groupe Philips par exemple. Pendant mes études, nous avons passé des semaines à étudier en détail les systèmes développés par Philips.

Quel rapport avec le leadership ? Jusque-là, pas grand-chose. Tout ce qui précède évoque plutôt pour moi la souffrance, ou en tout cas les ingrédients nécessaires à créer la souffrance. Mais je voudrais poursuivre mon argumentation pour décrire la forme de management la plus répandue : le management hiérarchique. Le pilotage d'autrui par voie de directives. La principale faille de cette philosophie est qu'en général, elle n'aboutit pas au leadership mais au management. Et le management n'aboutit pas automatiquement au coaching. Encore un phénomène bien de notre époque. De nos jours, que ce soit dans le public ou le privé, un manager qui se respecte doit avoir un coach. Sans coach, ce n'est pas un vrai manager. Pourquoi ? Aucune idée, sauf que manifestement, on observe un certain déficit de qualification. Serais-je excessivement sévère ? Quand une personne occupe une fonction, n'est-elle pas supposée avoir toutes les qualités pour l'exercer correctement ? En parfaite transparence avec ses collègues. Qui pourraient ainsi jouer un rôle de coach les uns pour les autres, en toute transparence ?

Malheureusement, si ces équipes de management brillent par quelque qualité, c'est bien rarement par l'ouverture. Et tout aussi rarement par le coaching réciproque. Les managers croient être là pour faire du management. C'est une notion souvent mal comprise, interprétée comme une transmission d'ordres vers le bas et de reporting vers le haut. Il serait pourtant bien plus intéressant de pratiquer un management associé à une forme de coaching. Un management qui accorderait une très grande liberté aux membres de l'équipe (et non aux *subordonnés*), accompagnés, coachés par leurs managers. Ce n'est qu'ainsi qu'on aide des collaborateurs à s'épanouir vers davantage d'autonomie. Ce management assorti de coaching se rapproche bien sûr du leadership. Car n'oublions pas que leadership et management sont des choses très différentes.

Mettre ainsi l'accent sur la gestion, le management, et sur la taille des groupes ou des entreprises qu'on dirige peut déclencher des situations étonnantes. On entend souvent demander : « Combien de personnes diriges-tu ? » C'est pourtant une question sans aucun intérêt ! Elle réduit la fonction à un chiffre et néglige totalement son importance ou sa difficulté. Comme si nous en étions encore à l'époque de la Ford T. À une certaine époque, je dirigeais un groupe de 10 000 collaborateurs, et il m'est souvent arrivé de me laisser aller à ce type de comportement. C'est qu'être le manager de 10 000 personnes n'est pas facile. Surtout quand on se croit capable de tout faire mieux que les autres. Surtout quand on se croit trop occupé pour coacher ses collaborateurs et les accompagner vers de meilleurs résultats. Dès qu'on veut tout faire soi-même, l'énergie s'épuise, notamment parce qu'il faut travailler très dur et que cela absorbe énormément d'énergie : parler, parler et encore parler. On n'a donc plus le temps pour les activités les plus amusantes telles que les contacts avec les clients.

Les managers sont nombreux à tomber dans le piège du management rigoriste, genre « aboyeur d'ordres ». Ce n'est évidemment pas comme cela qu'ils se voient, mais c'est bien souvent à cela que l'on arrive : distribuer des ordres de marche, d'après des budgets stricts, presque irréalisables, avec en plus, désormais, ces innombrables règles d'intégrité et de comportement. De plus en plus souvent, être un manager revient à distribuer des missions et à mesurer des résultats. Et quand les résultats ne correspondent pas aux attentes, à se fâcher et à sanctionner. La sanction dans une main et le bonus dans l'autre. La carotte et le bâton. N'est-ce pas décevant ? Est-ce ainsi qu'un manager devient un leader ?

Revenons au leadership, qui est l'objet de ce chapitre. Certaines personnes ont le don du leadership, c'est génétique. Elles sont capables d'inspirer des groupes humains jusqu'à poser des actes qu'ils ne se savaient même pas capables de réaliser. Il peut s'agir de politiciens, d'entraîneurs de foot, d'animateurs de quartier, etc. Il y a des leaders à tous les niveaux. Il est surprenant de constater combien, lors du recrutement de (grands) dirigeants d'entreprise, on tient peu compte du profil de leadership du candidat. Peut-être est-ce inutile pour certaines fonctions, mais souvent, la capacité à être un leader devrait peser beaucoup plus lourd dans la balance que la capacité à être un manager. Une entreprise sur le point de s'effondrer, dont les collaborateurs ont pratiquement perdu espoir, a besoin d'inspiration. À l'opposé, une entreprise qui tourne très bien peut éventuellement s'en passer, et se débrouillera avec un simple manager qui n'aura pas besoin d'inspirer ses collaborateurs à tout prix, même si j'estime que tout grand dirigeant doit savoir inspirer son entourage.

En effet, un véritable leader est toujours un personnage inspirant. Il insuffle de l'énergie à son entreprise, parfois par sa seule présence. Et cette énergie, qu'il diffuse en quantité parfois impressionnante, peut réaliser des miracles. Nelson Mandela a réalisé un miracle en assurant la réforme pacifique de son pays. Clinton a réalisé un miracle quand il a réussi à se maintenir à la Maison Blanche après l'affaire Lewinsky. Johan Cruyff a réalisé des miracles avec l'équipe de foot de Barcelone. Steve Jobs a réalisé des miracles en ressuscitant Apple. Et je pourrais citer ainsi une très longue liste de leaders dont l'inépuisable énergie a permis de réaliser des miracles.

Un leader dirige son entreprise à force d'énergie. Il n'éprouve en aucun cas le besoin de s'accrocher à une hiérarchie ou à des râteaux. Le véritable leader se comporte en coach bien plus qu'en manager. Il n'a pas besoin de faire appel à des coachs extérieurs pour aider ses managers à maintenir le cap. Le leadership est d'ailleurs un phénomène contagieux. Voilà qui répond à la question de savoir si le leadership s'apprend. J'ai longtemps cru que le leadership était un phénomène génétique. Mais j'ai vu tant de personnes devenir leader que je suis aujourd'hui persuadé que le leadership s'apprend.

À quoi voulez-vous adhérer ?

Inspirer les gens ou leur donner de l'énergie : cela revient pratiquement au même. Inspirer quelqu'un, c'est donner de l'énergie. Mais un leader peut également susciter un sentiment de bien-être, qui vous donne envie de le suivre. Il y a donc bien une différence entre un grand leader, capable de déplacer les montagnes, et un petit leader capable d'entraîner l'organisation qui dépend de lui. Qui inspire confiance, qui respire l'intégrité et l'authenticité.
Il n'existe d'ailleurs pas de leaders sans intégrité et sans authenticité. Bien sûr, l'absence d'intégrité et d'authenticité n'empêche pas d'exercer des fonctions dirigeantes. Mais dans ma conception du leadership, il n'y a de place que pour les mots énergie, inspiration, authenticité et intégrité. Seules ces qualités font le véritable leader. Autant dire que ce genre d'animal ne court pas les rues.

L'entreprise
consciente

Le samedi, mes enfants jouent au foot. En tant que coach de l'équipe, j'arpente la ligne de touche. J'y suis rarement seul : d'autres parents m'y rejoignent. Chacun de ces parents réagit à sa manière au comportement de son fiston sur le terrain. Après certaines erreurs, j'entends parfois « Mais t'es con ou quoi ? Regarde ce que tu fais ! » Après quoi viennent quelques invectives bien senties. Le gamin rentre dans sa coquille et reste à la traîne pendant tout le reste du match. D'autres parents voient que leur enfant n'est pas au mieux de son football ce jour-là. Eux, en revanche, attendent la fin du match, prennent leur enfant par l'épaule et lui demandent : « Ce n'était pas la grande forme aujourd'hui, qu'est-ce qui s'est passé ? » Ils parlent avec leur enfant et le rassurent. Au départ, ces deux types de parents ressentent exactement la même envie de réagir aux erreurs de jeu de leur garçon. Les premiers, sur le mode explosif, en braillant leurs critiques à tout-va ; les autres, en prenant conscience de l'objectif qu'ils veulent atteindre. Ces parents-là sont conscients de leurs réflexes, mais ne se laissent pas dominer par eux. Les parents de la première catégorie, eux, ne sont probablement pas conscients de leurs réflexes et agissent d'après leur sentiment du moment, que ce soit efficace ou non. Dans les entreprises, c'est pareil. Certaines entreprises ont conscience de leur situation sur le marché, de leur influence et de la manière dont elles doivent traiter leurs clients. Je les appelle les « entreprises conscientes ».

Vous comprenez le client, vous ?

Les organigrammes des entreprises ont pour objet d'engendrer un comportement contrôlable et répétitif. Dans ces enchevêtrements de râteaux, il est extrêmement difficile d'intégrer « le client ». Sur le papier, il n'existe pas, que l'entreprise soit organisée selon une structure hiérarchique ou matricielle. S'il y a bien de la place pour un département marketing, un centre d'appels et des cellules de communication, il n'y en a pas pour le client lui-même. En revanche, il y a une place pour les collaborateurs censés le représenter dans un langage compréhensible pour l'entreprise. Pour tenter de canaliser les comportements imprévisibles du client, l'entreprise recourt fréquemment à des méthodes éprouvées : décrire, enfermer dans des cases, distribuer des tâches, vérifier si les tâches sont exécutées. La plupart des entreprises disposent ainsi de procédures et de règles destinées à maintenir un semblant de contrôle sur la boîte. Conséquence : les agissements de l'entreprise suivent un type de comportement stéréotypé, dicté par des systèmes CRM, sans tenir compte des souhaits réels du client.

Et si, pour changer, on essayait de voir l'entreprise comme une source intelligente d'opportunités ? Des opportunités qui pourraient naître d'un jeu, que l'entreprise et le client joueraient à deux, basé sur qui ils sont et sur ce qu'ils peuvent faire. Dans un tel scénario, une seule certitude : pour bien jouer le jeu, répéter sans cesse les mêmes comportements ne fonctionne pas. Aujourd'hui, tout l'apprentissage du système, et toute sa capacité de réaction, tient compte de comportements prévisibles. Ce n'est pas ça qui va donner du piquant au jeu. Prenez conscience de ce que vous faites ! Et voyez si vous avez réussi à tirer du jeu toutes les opportunités qu'il recèle.

Temps d'attente à vendre !

J'ai une idée d'expérience amusante pour des entreprises conscientes qui ont la capacité de réunir un public important. Je pense à un gestionnaire d'aéroports, à une compagnie de chemin de fer, voire même à une fédération de football. Toutes ces entreprises ont régulièrement sous la main des personnes contraintes d'attendre qui le train, qui l'avion... ou la fin de la mi-temps. Ce temps d'attente pourrait être mis à profit pour proposer un produit ou un service susceptible, à ce moment-là, de répondre à un besoin : informations, divertissements, contacts ou communication. On estime généralement que les entreprises de transports publics ont à leur disposition, chaque jour, plusieurs dizaines, voire centaines de millions de « voyageurs minutes » par jour. Dont personne ne fait rien. Pour une entreprise consciente qui déciderait de jouer intelligemment au jeu de « qui suis-je et que suis-je capable de faire », il ne devrait pas être exagérément difficile, en s'appuyant sur ses clients, de créer de nouvelles opportunités de business pétillants et créatifs. Bien sûr, leur premier métier resterait le transport, mais dans la mesure où ce transport est assorti d'un temps d'attente, pourquoi ne pas le vendre ? Pouvoir faire progresser son entreprise ainsi, quelle chance extraordinaire !

Les entreprises conscientes sont également très attentives à leur situation dans la chaîne de valeur. Comme toute autre entreprise, elles sont acheteuses. D'une manière ou d'une autre, elles transforment ces achats puis vendent leur produit, leur service ou leur expérience à leurs clients. Et si, pour leurs achats, elles s'adressaient à des entreprises qui souscrivent à leur philosophie d'affaires ? Et si elles investissaient dans cette collaboration ? Cela permettrait à bien des gens qui se sentent actuellement sur la touche, simplement chargés d'exécuter un travail d'appui, d'être directement confrontés aux intérêts de l'entreprise. Et cela vaut pour tous les niveaux, jusqu'aux services de nettoyage. Il y a là une question intéressante pour tout le monde : comment pouvez-vous contribuer à notre objectif, à savoir satisfaire nos clients ? Que puis-je faire pour vous donner les moyens de répondre au mieux à cette question ? Des clients, il y en a partout. Il suffit de chercher.

Soyez vides

Idéalement, une entreprise consciente n'est qu'un noyau vide entouré d'une source de possibilités issues de votre spécificité et de celle de vos clients, à savoir du marché. Tout l'art consiste à recréer constamment, sans préjugés, sans réflexes standardisés, une relation efficace pour faire interagir ce que vous êtes et ce que sont les autres. J'ai vu à l'œuvre pour la première fois un tel noyau vide en 1986, lorsque j'ai visité la Tokyo Gas Company. On appelait ça, à l'époque, « Empty Center Management ». Pour vendre davantage de gaz, l'entreprise avait décidé de rafraîchir Tokyo. Le groupe s'est donc reconverti... dans le conditionnement d'air. Le fait d'être suffisamment « vide » permet de ne rien exclure et donc de voir toutes les possibilités. Si vous décidez d'accorder autant d'importance à vos collaborateurs qu'à vos clients (après tout, pourquoi y aurait-il une différence ?), à quoi ressemble votre emploi du temps ?

Les clients adorent être invités à s'impliquer dans les décisions des entreprises avec qui ils travaillent beaucoup. Surtout quand ils se rendent compte que leur opinion est prise en compte. Il n'y a pas tant de différence entre un client et une vraie personne : tous deux aiment qu'on tienne compte de leur avis. Les entreprises conscientes le savent, et organisent la concertation avec leurs clients à tous les niveaux. Ainsi, chaque collaborateur sait pour qui il travaille et qui paie son salaire. Pour cette personne, là, de l'autre côté du trait, celle qu'on ne retrouve nulle part dans votre organigramme, cette personne que vous connaissez à peine, votre client.

Énergie

J'ai un ami qui ne demanderait pas mieux que de transformer en entreprise consciente toutes celles qu'il rencontre. Ça lui fait chaud au cœur quand il voit que l'énergie est sur le point de jaillir, que les gens la ressentent, s'en nourrissent, se sentent bien dans leur travail et utilisent au mieux leurs talents. Cette surprenante énergie, qu'est-ce donc ? C'est ce que nous ressentons tous lorsque nous nous sommes lancé un défi, que nous nous sentons à la fois prêts à le relever et suffisamment armés pour nous lancer. Et soudain, on fonce, tête baissée, on casse la baraque. On brûle d'enthousiasme, on ressent intensément le moment. Comme ces gamins sur le terrain de foot, fermement décidés à marquer. De préférence sans se faire sonner les cloches par le coach, sur la ligne de touche, si ça ne marche pas du premier coup. Avec l'aide d'une équipe qui nous aide à avancer, une équipe dans laquelle on trouve des clients. Laissons à l'enfant qui est en nous suffisamment d'espace, soyons nous-mêmes et montrons ce que nous savons faire. Ça, c'est l'entrepreneuriat au plus haut niveau.

L'AUTHENTICITÉ DE L'ÊTRE

Un leader, s'adressant à un groupe, raconte son histoire. Pas de chance, il déclame un texte qu'il tient à la main. Pire encore, son message a été pensé et rédigé par quelqu'un d'autre.

Rien de plus facile que de raconter une histoire qui vient du plus profond de soi-même. Demandez à quelqu'un de vous parler de ce qui le passionne le plus. De son hobby, de son enfant, du voilier qu'il a restauré, de son chalet de montagne. Si l'histoire est véridique, sincère, authentique, il la racontera avec ferveur.

Ce concept d'authenticité a déjà fait couler beaucoup d'encre, et pourtant, il est souvent mal compris ; il paraît complexe, alors qu'il est tellement simple. C'est peut-être par crainte de l'authenticité que certains le comprennent mal. Je considère l'authenticité comme l'une des pierres angulaires du bon management. C'est à force d'authenticité, de véracité que se créent les entreprises remarquables. Être authentique, c'est aussi se demander : « Qui suis-je, qui veux-je être ? Est-ce que je me connais bien ? »
En lisant des ouvrages de management, j'ai trouvé une liste des quatre caractéristiques du leader authentique que j'ai adoptées : les valeurs fondamentales, l'audace, la créativité et la connaissance de soi.

L'équilibre énergétique

Apparemment, l'authenticité fait peur. Oui, s'exposer, oser être soi-même, fait peur. Pourtant, au-delà de cette peur, quel plaisir de voir les réactions qu'elle déclenche ! Un comportement authentique suscite des réactions sincères qui donnent de l'énergie. Je l'affirme : un comportement authentique donne de l'énergie et suscite l'énergie. On donne et on reçoit. La poudre aux yeux, par contre, donne un tout autre résultat. Je plains les personnes incapables d'authenticité, qui n'osent jamais se dévoiler. Celles-là ne pourront jamais savourer l'énergie que l'on reçoit en retour. Donner de l'énergie et en recevoir. Avez-vous remarqué combien de managers ou de leaders donnent de l'énergie sans jamais en recevoir en retour ? Ou pire encore, combien de leaders ne donnent aucune énergie ?

Des leaders dénués de pouvoir d'inspiration ne sont, au mieux, que des managers de qualité moyenne. Le leadership est une lourde tâche.

Un leader doit être capable d'aider ses collaborateurs à s'épanouir. En parlant avec eux, avant tout, des questions qui importent vraiment. En partageant l'essentiel avec eux. Et ça, ce ne sont pas les problèmes opérationnels du quotidien. Fraîchement nommé à la direction d'un groupe, j'ai ainsi invité tous les membres de mon comité de direction, dès le premier jour, à me rejoindre dans un château de la région pour une journée de travail suivie d'un dîner. Après tout, il faut que ça reste fun, n'est-ce pas ? Et je vois débarquer les membres de mon équipe, croulant sous les dossiers et les chemises, les rapports commerciaux, les projets, les dossiers RH et plein d'autres choses sans doute très importantes. J'avais pourtant bien annoncé qu'il s'agissait d'une journée de prise de contact – et ils avaient tous compris que nous allions travailler dur.

D'emblée, j'ai proposé d'élever – d'abstraire – le débat et d'aborder des sujets tels que « Pourquoi est-ce que je travaille ? » et « Pourquoi est-ce que je fais ce que je fais ? ». Surprise : cela ne leur était jamais arrivé. Ça ne devrait pourtant plus m'étonner, et pourtant : parler de tous ces sujets véritablement importants arrive bien moins souvent qu'on ne pourrait le croire.

Qui êtes-vous ?

Comment voulez-vous travailler en équipe efficacement, ouvertement et honnêtement sans connaître, sans savoir ce qui anime le voisin, ce qui le fait avancer ? Pourquoi Untel travaille-t-il si dur, pourquoi est-il ronchon, pourquoi réagit-il comme il le fait ? Toutes ces questions sont très intéressantes et méritent réponse. C'est là qu'on se rend compte que beaucoup de gens ne savent pas très bien pourquoi ils travaillent. Pour gagner de l'argent ? Pour rembourser leur prêt ? Mais quelles sont donc leurs ambitions, pourquoi diable travaillent-ils ? Pourquoi ne partent-ils pas en voyage, faire un

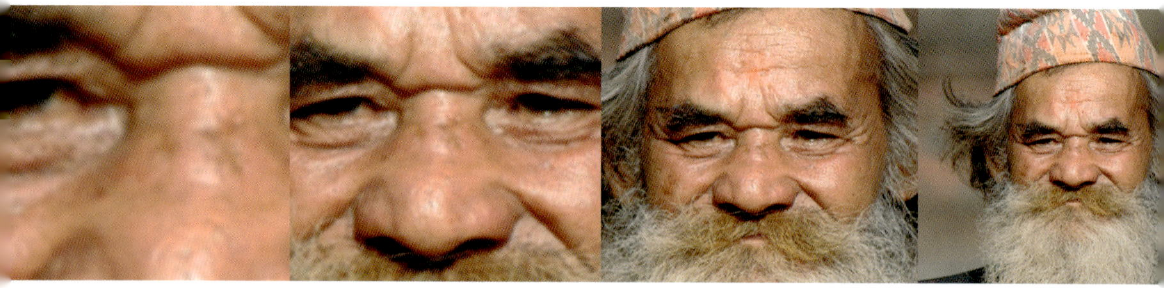

tour du monde en famille ? Pourquoi ne font-ils pas ce dont ils ont vraiment envie ?

Bref, pourquoi la plupart des gens hésitent-ils à se dévoiler ? Si l'on veut arriver à une bonne collaboration, si on veut construire une bonne équipe, si on veut être un bon leader mais aussi un bon ami et un bon père, n'est-ce pas là que se trouve la clé ? Être authentique dans toutes les facettes de sa vie, c'est fondamental. Quand vous parlez à votre enfant, lui mentez-vous ? Ou vous montrez-vous tel que vous êtes ? Osez-vous vous ouvrir véritablement devant lui ? Si ce n'est pas le cas, c'est que même dans ces moments privés les plus intimes, vous jouez encore la comédie. Car ne pas être authentique, c'est ça : jouer la comédie. C'est d'ailleurs épuisant. À force de voir tant de gens, pour mille et une raisons, ne pas oser se montrer tels qu'ils sont, je compare parfois le monde de l'entreprise à une gigantesque comédie. Une pièce de théâtre épuisante, très énergivore. Alors qu'elle pourrait être vécue comme un jeu qui donne de l'énergie. Qu'il s'agisse de donner de l'énergie ou d'en recevoir, c'est à vous de jouer, et à personne d'autre.

Oser s'ouvrir, oser s'exposer fait peur, mais la récompense est à la hauteur de l'effort. La récompense, c'est que les autres s'ouvrent à vous, ce qui simplifie extraordinairement la collaboration. Des équipes de direction qui ne prennent jamais le temps d'être ensemble, de passer véritablement du temps ensemble, sont vouées à l'échec. Je n'en suis pas encore revenu : j'ai entendu un jour le P-DG de l'un des plus grands groupes néerlandais expliquer qu'après avoir réfléchi à un moyen de resserrer les liens au sein de sa direction, il avait décidé de les emmener déjeuner ensemble de temps à autre. Abasourdi, je lui demandai si cela ne s'était donc encore jamais produit précédemment. Sa réponse, un peu embarrassée, fut qu'en effet, ce n'était arrivé qu'occasionnellement, et uniquement parce qu'il fallait bien calmer leur faim. Comme certains Américains qui partent dîner ensemble par convention, pour rentrer à la maison vers 20 heures, après quelques verres d'eau et une vague conversation distraite. Aucune marque d'intérêt pour autrui, aucun plaisir, aucune authenticité.

Une réponse honnête

Rien de tel qu'un moment de calme, comme un bon dîner, pour s'entretenir de sujets vrais, pour écouter le voisin et s'intéresser à son histoire. Pour se laisser véritablement pénétrer par ce qu'il vous dit et par ce que cela veut dire. Créer ou entretenir l'esprit d'équipe n'est pas si difficile. Il faut un peu d'aplomb pour oser s'exposer. Il faut persévérer même si les gens ne rendent pas la pareille. Il faut dépasser la peur d'être critiqué, de se ridiculiser, d'apparaître pitoyable ou vantard. La peur du regard de l'autre, alors que nous savons tous qu'il ne faut pas s'en préoccuper. Vaincre cette peur en vaut la chandelle. Cela dit, une fois la peur vaincue, s'exposer ainsi nécessite de pouvoir répondre soi-même à quelques questions. Avant de pouvoir raconter une histoire authentique sur soi-même, il faut bien comprendre ses propres sentiments. À la question « Pourquoi est-ce que je travaille ici ? », il faut pouvoir et vouloir répondre honnêtement. C'est trop facile d'imaginer une merveilleuse histoire destinée à se faire plaisir à soi-même, à se jouer la comédie à soi-même. C'est trop tentant de raconter une histoire montée de toutes pièces, évidemment émouvante, dans le seul but de se prétendre authentique.

Un jour, nous étions en France, avec tout un groupe de managers, justement pour nous entretenir de ces choses tellement importantes de la vie. Comme toujours, chaque membre du groupe commençait à se raconter. Ce sont souvent des histoires émouvantes, et parfois véritablement impressionnantes. Un membre du groupe, en particulier, racontait une histoire qui paraissait absolument extraordinaire au premier abord. Pourtant, plus il parlait, plus je me hérissais. Et je voyais d'autres participants manifester également un malaise. Quelque chose ne collait pas. Dès la fin du récit, il était clair que le groupe n'était pas convaincu. En revanche, l'histoire était si bien léchée que le conteur lui-même y croyait. Cette expérience troublante m'a donné à réfléchir. Car comment pouvons-nous savoir, surtout quand nous croyons dur comme fer à notre propre histoire, si elle est authentique ou non ? Est-ce moi qui m'exprime ? Ou est-ce mon ego ?

Aucune importance

La réponse est simple. Plus encore pour les femmes que pour les hommes. Les femmes ressentent bien mieux l'authenticité que les hommes. Tromper un homme avec une belle histoire n'est pas compliqué. Mais une femme ?

En tout cas, cette expérience prouve, une fois de plus, tout l'intérêt de bien se connaître soi-même. D'être capable de rire de soi-même, de relativiser. Non, je ne suis pas important, je ne suis pas le meilleur, je ne suis pas irremplaçable. Je ne suis pas immortel. Les managers qui « dirigent » de grands ensembles de collaborateurs ont parfois tendance à se croire réellement importants. C'est un sentiment volontiers encouragé par leurs collaborateurs directs, qu'ils ont bien souvent recrutés eux-mêmes, et qu'ils ont donc sélectionnés, consciemment ou inconsciemment, sur la base de leur comportement de subalternes. Alors qu'un manager qui pense droit et qui a été bien formé sait toute l'importance de se faire parfois retoquer. Par des collaborateurs qui osent exprimer leurs critiques, qui osent entreprendre, qui osent commettre des erreurs.

Pour être authentique, il est essentiel de savoir relativiser et de bien se connaître. Et il faut avoir le sens de l'humour. Un leader qui a le sens de l'humour, de l'audace, des valeurs, et qui se connaît bien est forcément un leader authentique. Travailler avec des gens authentiques est un véritable plaisir. Et je ne vous dis pas l'énergie que cela vous procure !

L'authenticité dans l'entreprise n'est pas sans lien avec la sagesse de nos grands-mères : « L'honnêteté est toujours payante. » Que vous soyez une personne ou une entreprise, agir avec authenticité inspire confiance et conforte l'action. En ces temps de transparence croissante au sein du tissu social et des entreprises (voyez les blogs qui dénoncent les agissements malhonnêtes de certaines entreprises), ces valeurs sont devenues vitales et non négociables. Toute duplicité devient pratiquement impossible : la vérité finit toujours par apparaître. Réussir durablement, avec cohérence, dans la malhonnêteté, le bluff et la poudre aux yeux, après tout, c'est tellement difficile.

Les surprises de

« Jusqu'à la semaine dernière, je n'en avais jamais entendu parler, et aujourd'hui je ne vois plus que ça. » Vous êtes-vous déjà fait cette réflexion ? Ça m'arrive tout le temps, qu'il s'agisse d'une nouvelle mode, d'un nouveau modèle de voiture ou d'un nouveau jeu. Et chaque fois, le même doute m'assaille : est-ce que cela existait déjà – autrement dit, étais-je aveugle ? – ou est-ce que cela vient de sortir ?

C'est souvent le cas en littérature, en musique, dans les théories de gestion, dans tout finalement. Pendant les années 1980, tout d'un coup, le monde entier n'avait plus à la bouche que Madonna, les CD laser et la gestion totale de la qualité (cette théorie du gourou américain du management Edwards Deming). Et je me dis que ce devait être la mode du moment. Orchestrée par des champions du marketing dont le métier consiste à distribuer des livres, de la musique et des méthodes de gestion. Mais est-ce bien le cas ? Y a-t-il vraiment quelque part une force obscure qui nous dicte ce que nous devons trouver intéressant ou convaincant ? Suis-je l'acteur ou suis-je l'objet de ma propre vie ?

Je t'en parle, tu m'en parles

À mon avis, la vérité est à mi-chemin. Personne ne nous dicte notre comportement : nous nous le dictons les uns aux autres. Comme si planait au-dessus de nous un champ d'énergie qui, à un moment donné,

a synchronicité

nous amenait tous à être tentés par de nouvelles formes, de nouveaux cheminements et de nouvelles solutions. Quant aux célébrités que ce mouvement propulse sous les feux de la rampe, elles sont plutôt éphémères que capables d'écrire l'histoire. L'humanité ne découvre pas tous ses génies, et toutes les célébrités ne sont pas géniales. Le monde choisit ses représentants aux moments qui lui conviennent. C'est comme ça que je vois les choses. Cela dit, où et quand voit-on naître un tel champ d'énergie ? Peut-on le susciter, et comment ?

Il y a quelque temps, deux de mes collègues travaillaient à trouver une solution créative à un projet mal engagé. Le problème était difficile, et plusieurs autres collègues s'y étaient cassé les dents. Quand je suis entré dans leur bureau, la conversation tournait autour de leurs enfants, leurs épouses et du prochain week-end. J'avais une question assez brève à leur poser, je l'ai posée et je suis reparti. Une heure plus tard, je suis retourné les voir avec une nouvelle question. Ils commentaient avec enthousiasme un livre qu'ils avaient lu tous les deux. J'ai posé ma question, j'ai hésité un instant à demander où ils en étaient de la solution à leur problème, et finalement je suis resté avec eux en écoutant leur conversation. Après une demi-heure, l'un des deux lança : « Au fait, et ce projet dont nous devions nous occuper ? » Quelques instants de silence. Puis un échange d'idées à toute vitesse. À peine quelques mots. Une plaisanterie en passant. Et soudain, la solution. Comme tombée du ciel. En un quart d'heure. J'étais là, et j'ai su tout de suite que leur solution était la bonne.

L'important n'était pas qu'ils aient trouvé la bonne solution. Ces gars sont des as dans leur spécialité, et ce n'est pas la première fois qu'ils me surprennent. Non, ce qui m'a épaté, c'est le processus. Pendant près d'une heure et demie, ils avaient parlé « de tout et de rien ». Et soudain, en un quart d'heure, ils s'étaient mis « en mode production » et la solution était tombée. Et le plus beau de l'histoire, c'est qu'ils fonctionnent toujours comme ça.

Cet exemple montre comment fonctionne le phénomène de synchronisation dans la vie de tous les jours. Ces deux collègues ont essentiellement utilisé leur temps pour se caler sur la même longueur d'onde. Pour harmoniser leurs mondes. Pour pouvoir réagir l'un à l'autre en toute liberté. Combiner leurs énergies. Et lorsque cette énergie commune a jailli, une réaction en chaîne s'est déclenchée, si efficace que la solution a pris forme en à peine un quart d'heure. Ne me demandez pas d'explication scientifique : je n'en ai pas. Mais j'ai déjà souvent observé à quel point prendre le temps de synchroniser ses énergies et ses réflexions démultiplie la créativité.

Le plus court chemin passe par l'honnêteté

Autre exemple. Nous avions organisé un atelier de deux jours destiné à la direction d'une entreprise. Il s'agissait d'un groupe de dix personnes. *A priori,* atteindre un consensus en si peu de temps nous paraissait une gageure. Cet atelier était censé aboutir à un programme commun sur lequel nous baserions notre travail des mois suivants. Les participants se connaissaient depuis peu, aussi nous avait-on demandé de profiter de l'occasion pour consolider l'esprit d'équipe. Nous avons consacré un jour et demi de l'atelier à explorer le parcours personnel de chacun des participants. Nous avons parlé de leurs rêves et de leurs ambitions. Mais aussi de sujets plus profonds. La perte d'un enfant ou d'un conjoint, les doutes sur ses propres capacités, la colère sur les inégalités dans le monde, le manque de confiance en soi, le manque de courage ou la difficulté à rester soi-même. Des histoires touchantes, qu'il m'a été impossible d'écouter sans émotion. Des sujets tellement humains, qui touchent l'être. L'après-midi du dernier jour, nous en sommes revenus à notre projet de programme. Tout fut réglé en un tournemain, moyennant quelques modifications et quelques adaptations certes importantes, mais sans l'ombre d'une manœuvre politique, sans agenda caché. En à peine quelques heures, nous avions tracé les contours de toute une année de travail.

Vous me direz : facile ! Après un tel affichage de vulnérabilité, plus personne n'aurait osé s'élever contre un élément du programme. Eh bien non. Détrompez-vous. Il y a eu des objections, mais elles étaient authentiques. Honnêtes. Au vu et au su de tous. Et les solutions proposées convenaient à tous. Le programme a donc été adapté en tenant compte de ces éléments précis.

Voilà deux exemples de situations où chacun a pu prendre le temps nécessaire pour se synchroniser. Pour créer un « champ d'énergie » capable non pas d'uniformiser les réflexions, ni de les standardiser, mais de les orienter dans une même direction. Cette phase crée la synchronicité indispensable pour dégager une nouvelle voie. Je considère la synchronicité comme un concours d'énergies créatrices. Dès que ces énergies se déploient, elles s'orientent vers un point naturel de convergence.

La synchronicité naît du contact personnel. Sur la base de ces expériences, complétées depuis par beaucoup d'autres, j'organise régulièrement des réunions à la campagne, auxquelles je convie la direction de diverses entreprises, essentiellement pour raconter une histoire. Une histoire sur eux-mêmes. Bien sûr, lors de ces réunions, nous finissons par parler affaires. Mais toujours en dernier lieu. Et ça ne consomme pas même 10 % du temps de l'exercice tout entier.

Que pouvons nous fair

Pourquoi faisons-nous tout cela ? Travailler dur, en tirer une satisfaction, que les clients soient contents ou mécontents. De temps à autre, être chez soi avec les enfants. Mais quoi qu'il en soit, être occupé constamment. Jour après jour, semaine après semaine. Pour de vrai. Et si tout cela n'était qu'une grande comédie, où nous jouerions tous un rôle, plus ou moins sérieusement ? Bah… Après tout, jouons, ce sera toujours ça de pris.
Mais y aurait-il autre chose ?
De plus en plus, les gens recherchent une motivation plus élevée. Ne me dites pas que tout n'est qu'une question de promotion ou de rémunération, alors qu'autour de nous, lentement mais sûrement, le monde s'épuise. N'est-il pas dramatique qu'il y ait encore aujourd'hui des gens qui refusent de voir la réalité en face, d'admettre que les ressources naturelles de la Terre s'amenuisent ? Et que cette même Terre grouille d'entreprises avides de bénéfices supplémentaires. Et encore. Et encore.

pour notre planète ?

Toucher le fond

J'ai connu, il y a longtemps, une entreprise dont le fondateur n'estimait pas nécessaire de réaliser des bénéfices. Pourvu que ses collaborateurs se sentent bien. Et bien sûr, si cette entreprise engrangeait un petit bénéfice, juste de quoi assurer son avenir, tant mieux. Mais ce même fondateur, appelons-le E., réfléchissait souvent à ce qui se passait autour de son entreprise. Pas seulement sur son marché, mais bien dans son environnement… la Terre entière. Et il faisait des dons. Notamment au World Watch Institute, un centre de recherche à Washington qui suit de près, depuis de nombreuses années déjà, l'état du monde. Cet institut, après des dizaines d'années d'observation, ne peut que conclure à l'épuisement inexorable de nos ressources. Que faisons-nous pour y remédier ? Pas grand-chose, malgré ce que l'on veut souvent nous faire croire. C'est d'ailleurs remarquable. Par quel égocentrisme, par quelle naïveté tout cela est-il possible ? C'est incompréhensible. Pourquoi tant d'entreprises doivent-elles réaliser des milliards de bénéfices pour les distribuer ensuite à des actionnaires qui ne font qu'accroître leur fortune ? Pourquoi ne finance-t-on pas massivement des projets qui profiteraient à tous – même si ce n'est qu'à long terme ? Manifestement, ce n'est pas encore considéré comme de l'entrepreneuriat. Cela ne mérite pas que l'on en tienne compte pour établir les règles du bon leadership. À bien y regarder, les entreprises qui se positionnent d'une manière véritablement responsable sont bien peu nombreuses.

Certes, des initiatives, trop rares, éclosent ici et là. Ainsi, TNT apporte son appui au programme alimentaire mondial. D'après les médias, la participation de TNT à ce programme se chiffre à une dizaine de millions de dollars par an, partiellement en nature, sous forme de services. C'est une initiative fantastique, mais c'est une goutte d'eau dans la mer. Loin de moi l'idée de critiquer TNT : eux, au moins, font quelque chose. Mais je ne peux m'empêcher de me demander comment réagiraient les actionnaires si le montant passait à 100 millions par an. Est-ce que cela ferait chuter le cours ou est-ce que cela permettrait à TNT d'acquérir une position incontournable ? Est-ce que TNT ne deviendrait pas immédiatement un véritable leader sur notre planète ?

Prenons un autre exemple. Deux personnes lancent une entreprise de prêt-à-porter depuis une petite maison ouvrière. Le succès est au rendez-vous, mais l'entreprise ne déménage pas. Les bénéfices ne sont pas investis dans une maison plus grande. Non : les bénéfices sont versés à des enfants démunis. Une action remarquable. Discrète, sans le moindre écho dans la presse, impressionnante. Dans un monde où c'est « chacun pour soi et Dieu pour tous », ces deux personnes prennent leurs responsabilités. C'est triste à dire, mais à l'heure où on parle tant de la responsabilité sociétale de l'entreprise, tout reste à faire. Comme dans tant de sujets abordés dans ce livre, ce qui compte, c'est d'abord l'action, mais surtout la persévérance. Primordial ! Car ne nous leurrons pas : que se passera-t-il le jour où TNT fera un peu moins de bénéfices ? Quelle sera la première mesure d'économie ? Supprimer la contribution au Programme alimentaire mondial ?

Toujours plus

La responsabilité sociale de l'entreprise est un sujet à la mode. Premier réflexe, nous allons la mesurer. Et nous allons en parler. Beaucoup. Mais ce que nous oublions en l'occurrence – alors que c'est le plus important à mes yeux – c'est ce qu'en pensent véritablement nos collaborateurs et nos actionnaires. Je suis persuadé que la plupart des collaborateurs sont fiers que leur entreprise prenne à bras-le-corps un vrai projet responsable, comme l'a fait TNT. Et de voir que l'entreprise en parle beaucoup, pas uniquement pour faire de la publicité mais pour encourager d'autres entreprises à lancer des initiatives, elles aussi. Parce que ces histoires sont réjouissantes, stimulantes. Toutes ces initiatives lancées par des entreprises, grandes ou petites, par des PME, voire même par des indépendants ou des particuliers, ça réchauffe le cœur. Et ce n'est jamais suffisant. Est-ce que l'entreprise en profite pour faire sa publicité ? Peu importe. Le monde s'en fiche. Il y aura toujours des casse-pieds pour critiquer. Mais pour sauver notre planète, toute initiative est bonne à prendre. Prenez par exemple le projet Net4Kids (www.Net4Kids.org) : cette organisation fait en sorte que chaque euro versé parvienne directement au projet auquel il est destiné, que pas un centime ne se perde en route. En plus, chacun peut y sélectionner lui-même le projet qui lui convient. Je trouve ça extraordinaire. Cette initiative dégage une énergie fantastique. Voilà le type de moteur, de motivation que nos entreprises recherchent. Il y en a bien plus que nous ne le pensons. Et nous ne donnerons jamais assez, parce que les besoins sont trop gigantesques.

Je n'ai encore parlé que de ce que nous pouvons faire pour rendre un peu plus agréable la vie de certaines catégories de personnes. Je n'ai pas encore parlé de la Terre elle-même. L'humanité recherche fiévreusement chaque goutte de pétrole qu'elle peut trouver. D'un côté, on nous dit qu'il reste bien assez de pétrole. Qu'il n'y a aucune raison de s'en faire. Simultanément, on nous annonce que les ressources pétrolières seront épuisées d'ici 50 ans. Résultat : nous rouvrons les centrales nucléaires, l'une après l'autre. Non, rien ne nous trouble. Nous détenons la vérité. Après tout, quand il n'y aura plus de pétrole ni d'eau potable, il n'y aura qu'à boire de l'eau minérale, non ? Ah bon, c'est également de l'eau ? Ah, flûte ! Et si on dessalinisait l'eau de mer ? Comment ? C'est un procédé énergivore ? Mais c'est pour cela que nous avons du pétrole… ou le nucléaire. Que c'est compliqué…

Arrêtons les comportements irresponsables

Voyez Dubaï. Ce qui se passe là-bas est miraculeux. Le désert se couvre de verdure. Partout, des fontaines. Des immeubles, des gratte-ciel qui vont accueillir des milliers et des milliers de personnes. Heureusement, ces personnes ne boivent pas, n'utilisent pas les toilettes et ne se lavent pas. Vous vous rendez compte, où iraient-elles chercher l'eau nécessaire ? Eh bien, tout simplement dans la mer. Pardon ? C'est cher ? On m'a un jour expliqué tout à fait sérieusement que la question était purement financière. À une époque, on ne prenait plus au sérieux les investissements inférieurs à un milliard de dollars. C'est exactement le nœud du problème. Pour avoir encore plus, pour accumuler encore ces richesses dont on dispose déjà à l'excès, le manège continue de tourner. Et l'argent s'accumule là où il n'est plus nécessaire. Mais n'est-ce pas ça, l'entrepreneuriat ? Peut-être. Peut-être est-ce même là un type d'entrepreneuriat extrêmement réussi, et même inspirant. Mais ce n'est pas de l'entrepreneuriat responsable. De nos jours, l'entrepreneuriat tel que je souhaite le définir est indissociable de l'attention que méritent les événements du monde.

Chaque fois que je parle d'entrepreneuriat, je vise automatiquement l'entrepreneuriat responsable. Pour beaucoup, il n'y a là rien de neuf. Il y avait autrefois de petites boulangeries de village qui produisaient et vendaient leur pain, mais qui n'oubliaient jamais d'en donner gratuitement aux pauvres. Pourquoi ? Parce que le boulanger estimait que c'était normal : c'était son rôle social. Une mission qui allait de soi. Quelles obligations avons-nous encore aujourd'hui ? Nous avons beaucoup de droits, mais qu'en est-il de nos obligations à l'égard de la société ? Elles relèvent d'un certain sens des responsabilités. Un sentiment qui s'imposait presque automatiquement à notre boulanger, plongé au milieu de la société, en prise directe avec elle. Aujourd'hui, les entreprises se sont considérablement agrandies. Elles sont dirigées par des managers évalués d'après les résultats trimestriels, et ce sentiment presque automatique de responsabilité sociétale s'est estompé. J'ai déjà évoqué, dans ce livre, le concept de projets cache-misère. Ces projets, souvent sans envergure, destinés à donner le change en faisant croire que l'entreprise se préoccupe de son environnement.

Vous voulez rire ? Jetez un coup d'œil au rapport annuel du World Watch Institute. À vrai dire, ce serait plutôt à pleurer, mais cela vous donnera une idée des réalités de terrain. À lire ces rapports en détail, on se dit que c'est trop tard, qu'il n'y a plus rien à faire. Et pourtant, il y a beaucoup à faire, à petite échelle. Je suis convaincu qu'à titre individuel, de très nombreuses personnes ressentent toujours ce bon vieux sentiment de responsabilité. Des gens qui veulent faire quelque chose, vraiment. Qui veulent donner du temps, de l'énergie ou de l'argent.

Magnétismes

Je n'oublierai jamais le jour où, alors que j'étais P-DG du groupe Origin, une collaboratrice vint me voir avec un problème singulier. Le relevé de son compte bancaire privé affichait un solde créditeur de 450 000 €. Cet argent ne lui appartenait pas. Il provenait de dons mensuels effectués par des centaines de collaborateurs, à qui l'entreprise avait promis de doubler le montant de leurs dons. Le projet avait suscité un tel enthousiasme parmi les membres du personnel que ses initiateurs, dépassés, n'avaient pas eu le temps de constituer la fondation qui allait gérer ces fonds. L'enthousiasme avait été tel que certaines personnes ont même posé leur candidature chez Origin parce qu'elles avaient entendu parler de ce fonds. Ces gens voulaient absolument prendre leurs responsabilités, de préférence ensemble, avec leurs collègues, avec leur entreprise. Cette initiative, fruit des réflexions d'un groupe de membres du personnel, m'a convaincu que toute entreprise, quelle que soit sa taille, compte des personnes soucieuses de dépasser l'horizon de leurs tâches quotidiennes. Il y a là un gigantesque potentiel inutilisé, disposé à s'engager pour changer notre monde. Malgré les clameurs de quelques irresponsables selon lesquels les sources d'énergie et d'eau (pour ne pas parler du reste) seraient amplement suffisantes, ce que la majorité d'entre nous ne croit plus. À juste titre, car la Terre dispose de ressources limitées, qui s'épuisent rapidement, au point qu'on peut calculer assez facilement quand elles auront disparu.

Eh bien voilà, nous y sommes. L'entrepreneuriat créatif et l'inspiration pétillante, voilà ce que nous voulons. Sachant que les collaborateurs – et même les clients – se sentent généralement très motivés, inspirés, à l'idée d'apporter une véritable contribution à notre monde. J'ai mieux : quoi que nous fassions, nous ne ferons jamais assez. Inutile de se disputer pour savoir qui s'y colle. Il y a de la place pour tout le monde ! Génial. Qu'est-ce qu'on attend ? Il suffit d'appuyer sur le bouton. Qu'est-ce qui nous en empêche ?

ET MAINTENANT ?

Ah non ! Un livre sur la créativité, l'entrepreneuriat, le pétillement et l'inspiration, truffé de schémas, de diagrammes de flux, de procédures et d'instructions normatives, ce n'est pas possible… si ?

Pourtant, c'est ce que certaines personnes semblent vouloir. Elles veulent s'entendre énumérer les changements qu'elles devraient apporter à leur organisation. La question qui m'a été le plus fréquemment posée après le premier tirage de ce livre a été : « Leen, peux-tu m'indiquer exactement comment m'y prendre ? Explique-moi ce que nous devons faire demain. » J'ai beaucoup réfléchi à cette question. Il me semble pourtant avoir proposé dans le chapitre précédent de nombreux exemples et réflexions concrètes qui vous permettent de vous lancer immédiatement. Mais comme j'adore parler de l'amélioration des organisations et que j'adore donner des exemples, voici, à la demande générale, cinq chapitres supplémentaires sur ce thème du « Et maintenant ? ».

J'organise mes conseils pratiques et mes propositions d'action selon les quatre chapitres de ce livre : Jouer, Se lancer, Pétiller et Inspirer. J'utilise également l'expérience que j'ai accumulée au cours des dizaines de conférences et ateliers donnés dans la foulée de la publication de ce livre.

Laissez-moi vous rassurer tout de suite : je ne compte pas vous infliger un manuel bourré d'explications scientifiques. Ce serait aller exactement à l'encontre de ce que vous voulez atteindre : un environnement de travail et une entreprise plus agréables à vivre. Au moment de mettre en pratique l'inspiration née de cette lecture, l'essentiel, c'est d'oser. Je m'étonne parfois de voir des gens, pourtant inspirés par ce livre, ne pas le mettre en application. Ce n'est pas que la volonté leur fasse défaut, et pourtant il ne se passe rien. Pourquoi ?

Heureusement, il se trouve que j'ai le même problème. Je veux quelque chose, mais au moment fatidique, je n'ose pas me lancer. Je veux expliquer quelque chose à quelqu'un, et puis je n'ose pas. Par peur de blesser ou par peur de provoquer une dispute. Depuis le tour du monde de six mois que j'ai réalisé avec ma famille, j'ai changé de point de vue. J'ai décidé de m'écouter davantage. Depuis lors, dans mon comportement, la sincérité à l'égard d'autrui occupe une place plus fondamentale. J'ai récemment donné une conférence devant un public de dirigeants du secteur de la construction. Nous avons parlé d'une situation assez fréquente, celle du collaborateur qui présente à son patron un bon projet, que celui-ci décide finalement de rejeter.

Sans autorisation

Ça vous rappelle quelque chose ? C'est tellement fréquent ! Quelqu'un a une idée qu'il estime brillante, il l'étoffe puis la présente avec enthousiasme au patron. Et lui ne la comprend pas, ou ne veut pas comprendre, et la rejette. À la grande frustration du présentateur. Je vois dans ce processus plusieurs erreurs fondamentales de jugement. Ou bien, si vous préférez, plusieurs erreurs dans l'action. Ce plan brillant et inspiré que vous avez imaginé doit être enthousiasmant. Au point de vous donner terriblement envie de vous lancer. Mieux, jetez-vous à l'eau ! Ne demandez pas d'autorisation. Hop, au boulot ! Mieux vaut demander pardon que demander l'autorisation. Dans le pire des cas, que peut-il vous arriver ? Que le plan fasse long feu et que le patron vous licencie. Est-ce si grave ? Vous aurez exécuté votre plan, fait la preuve que vous êtes entreprenant. Soit ça marche : vous vous excusez auprès de votre patron de n'avoir pas demandé son autorisation. Il sera bien trop heureux de pouvoir vous récompenser ; si ce n'est pas le cas, il sera toujours temps de prendre congé.

Soit, au contraire, ça ne marche pas. Il faut payer les pots cassés et vous vous êtes enrichi d'une expérience. Et un licenciement, c'est ce que j'appelle un bien pour un mal. Si vous arrivez à trouver la force en vous, à prendre en main votre propre destin, vous aurez fait un grand pas. Si vous acceptez d'assumer la responsabilité de vos actes, de convertir votre dépendance en indépendance, vous irez travailler avec bien plus de plaisir. Avez-vous remarqué combien de gens rejettent sur d'autres la faute de ce qui ne va pas – pour se mettre en avant dès que quelque chose va bien ? Commencez déjà par assumer la responsabilité de tout ce qui vous arrive : le bon comme le mauvais. Vous aurez déjà fait un grand pas vers l'indépendance.

Devenir indépendant des autres ! J'entends par là indépendant dans sa tête. Cela donne une extraordinaire liberté de pensée, je vous le garantis, et cette liberté est indispensable pour réaliser des tas d'autres choses que je décris ici. Parce que vous aurez besoin d'audace, ça, je vous le garantis aussi. Les entrepreneurs sont par excellence des libres-penseurs. Un des grands ressorts de l'esprit d'entrepreneuriat qui m'anime a toujours été l'indépendance de ma pensée. Tâchez d'arriver à une situation d'indépendance. Matérielle, mais surtout immatérielle.

Remarquez que nous sommes encore bien loin de parler de trucs et d'astuces : je parle ici de votre attitude de base. L'attitude dont vous aurez véritablement besoin si vous voulez utiliser efficacement ce livre. Cette attitude de base comporte déjà deux ingrédients : l'indépendance et l'audace. Dans cet ordre. Dès que vous aurez décidé d'assumer la responsabilité de tout ce qui vous arrive de bon ou de mauvais, dès que vous aurez décidé de réfléchir et d'agir en toute indépendance, vous aurez besoin d'audace.

Et maintenant, en avant !

La créativité, c'est l'inverse de l'esprit de procédure. Les procédures et les règles tuent l'entreprise. Un de mes amis décrit cela mieux que moi : pour lui, les procédures et les règles font « coaguler » l'entreprise, elles la sclérosent. C'est exactement ça. Toute organisation, soucieuse de s'adapter constamment à l'évolution du marché, doit être flexible. Or une organisation coagulée, impeccablement alignée, le petit doigt sur la couture du pantalon, dotée de milliers de règles de procédure, n'est pas flexible. Si vous voulez inverser le courant, dans de telles situations, je suis convaincu qu'il faut être rigoureux. Pour rendre l'entreprise plus créative, je prêche donc l'anarchie. Effrayant, n'est-ce pas ? L'anarchie, ça ne semble pas très prometteur. Et pourtant, c'est dans cette direction-là qu'il faut chercher. Arracher une entreprise coagulée à ses schémas rigides et sclérosés exige un grain de folie. Soyez sûrs d'une chose : la plupart des gens sont parfaitement bien élevés. Ils n'iront pas trop loin dans la folie, parce que « Ça ne se fait pas ». Appeler à l'anarchie dans une entreprise, c'est donc moins terrifiant qu'il n'y paraît au premier abord. Voyez le chapitre « Vive l'anarchie ! ».

Deuxième thème : l'entrepreneuriat. J'appelle « entrepreneurs » quiconque crée sa propre entreprise, sous une forme ou sous une autre. Ce sont les moteurs de l'économie, les casse-cou. Il y a ensuite les personnes qui ont l'esprit d'entreprise au sein d'une organisation. Je les appelle les « intrapreneurs ». Et croyez-moi, toute organisation, commerciale ou caritative, grande ou petite, a besoin d'entrepreneurs, elle a besoin d'éléments capables de pensée indépendante. Pour survivre à terme. Car ces entrepreneurs réfléchissent en termes de chiffre d'affaires et non pas de coûts. Leur pensée s'oriente vers l'extérieur et non vers l'intérieur. Et que ce soit dans les pouvoirs publics ou dans le monde de l'entreprise, orienter sa pensée vers l'extérieur, vers le marché, est crucial. Et c'est beaucoup plus difficile que de réfléchir à l'organisation interne.

Thème suivant : le pétillement. C'est là que ça devient vraiment amusant. Faire pétiller votre entourage. Facile, non ? C'est l'occasion de se laisser joyeusement aller à l'égoïsme. Pensons à nous ! Comment pourrions-nous attendre de notre entourage qu'il se sente bien si nous ne nous sentons pas bien nous-mêmes ? Si vous-même, vous tournez en rond, complètement éteint, totalement dénué d'inspiration et d'énergie, cela se projettera sur votre entourage. Brisez immédiatement ce cercle vicieux.

J'ai été un jour appelé à diriger une petite entreprise qui ne tournait pas trop bien à l'époque. Une des règles de cette entreprise, pratiquement érigée en dogme, était qu'aucun collaborateur ne pouvait avoir un poste de travail fixe. Ça, ça faisait moderne. Ça collait au credo de la sacro-sainte « nouvelle » économie. Chaque jour, le management vérifiait rigoureusement si par hasard vous ne vous étiez pas assis à la place que vous aviez déjà occupée hier. Si c'était le cas, il fallait illico changer de bureau. Bien entendu, pour les collaborateurs qui travaillaient là tous les jours, c'était l'enfer. L'environnement de travail était devenu glacial, et irradiait tout sauf la chaleur et l'intimité. Une des toutes premières décisions que j'ai prises fut d'aménager MON espace de travail. Éclairage étudié, feu de bois, fauteuils confortables et poste de travail fixe. Là, je me sentais bien. N'étais-je pas censé donner le bon exemple ? Eh bien si, justement. Commencer par soi-même. Je me sentais parfaitement bien. J'irradiais ainsi une certaine chaleur, que les collaborateurs ont commencé à ressentir. J'ai réaménagé à peu de frais (merci, Ikea) un espace de travail où les gens pouvaient retrouver un peu de bien-être. Et en quelques jours, le plaisir et l'énergie sont revenus dans cet espace pourtant si glacial quelque temps auparavant. Ne sous-estimez jamais l'importance de l'espace de travail. Travailler dans un coin agréable, qu'on retrouve chaque jour avec plaisir, et donc avec une productivité accrue. C'est une règle simple et facile à mettre en place. Faites pétiller l'espace de travail, et les collaborateurs feront des étincelles. C'est extrêmement simple.

Et enfin, dernier thème : l'inspiration. Que pourrais-je donc inventer pour inspirer les gens ?

Au retour de notre tour du monde en famille, je me suis rapidement rendu compte que des milliers de personnes voulaient connaître la genèse de ce voyage. Comment il s'était déroulé, ce que nous en avions appris. Plaquer tout, comme ça, pendant six mois. Est-ce possible ? Est-ce que ça se fait ? Est-ce que ça ne coûte pas horriblement cher ? Ce voyage est devenu synonyme d'audace. C'est devenu ce qu'on appelle, dans le monde des affaires, une « étude de cas » : « comment tout plaquer et partir ». Tant de gens souhaitent tout plaquer. Tout plaquer, cela ne veut pas nécessairement dire « partir pour un voyage de six mois ». Cela peut vouloir dire « démissionner ». Ou lancer sa propre entreprise. C'est justement comme ça que j'ai abordé notre voyage : comme le lancement d'une entreprise. Comme une organisation, comme une occasion de quitter notre environnement douillet. Et nous aussi, nous avons trouvé ça effrayant ! L'inspiration, ça se trouve dans l'exemple. L'inspiration doit vous donner de l'énergie. Et au final, l'inspiration, c'est toujours en soi qu'on la trouve. J'appelle ça un processus automoteur. On trouve en soi-même l'inspiration en se lançant dans des activités qu'on trouve tellement amusantes, intéressantes, ambitieuses qu'elles nous aident à avancer.

J'ai été approché un jour par un ami qui voulait lancer sa propre entreprise. Depuis lors, il s'est lancé, et ça tourne bien. Son épouse me dit qu'il est tellement enthousiaste qu'il n'arrête plus. Chaque jour, il déborde d'énergie positive. Il bouillonne d'impatience. Il en arrive à regretter que la nature lui impose de dormir de temps en temps ! L'énergie qu'il puise en lui-même est phénoménale. Il s'appuie à fond sur sa propre énergie et sa propre inspiration pour construire son entreprise. L'inspiration est à notre portée, bien plus qu'on ne le pense parfois.

D'accord, une inspiration extérieure est parfois utile pour se lancer. Un homme d'État, un patron, un livre. N'importe quoi. Mais ensuite, il faut chercher en soi. Et quand on trouve cette inspiration, on irradie. On devient une source d'énergie et non plus un gouffre à énergie. Et c'est le but, rappelez-vous. Dans le chapitre « En voiture ! », j'essaie de montrer à quel point chacun peut devenir pour son entourage une source d'inspiration, une source d'énergie.

Je ne suis pas un gourou

Encore un mot. J'étais initialement très réticent à l'idée d'écrire ces quelques chapitres supplémentaires. Parce que j'éprouve une grande réticence à l'égard du pédantisme de certains consultants et gourous qui, sans avoir jamais rien mis en pratique eux-mêmes, vous expliquent avec assurance comment vous y prendre. C'est pour ça que je considère ces pages comme des « coups de main ». Faites-en ce que vous voulez. Je ne suis pas l'unique détenteur de la vérité et de la sagesse, mais j'ai des opinions, qui sont basées sur l'expérience. Mon expérience.

Mais surtout, surtout, suivez votre propre inspiration. Et sachez que le cœur de l'affaire, c'est l'indépendance d'esprit et l'audace. Si vous savez ça, si vous en êtes imprégné, tout va bien. À vous de voir. À vous de faire. Moi, pour ce que j'en dis…

Vive l'anarchie !

Au terme d'une fusion qui avait rapproché deux grands groupes d'assurances, le P-DG de la nouvelle entité a prononcé ces paroles mémorables : « L'entreprise est aujourd'hui un peu plus hiérarchique qu'hier, il y règne moins de liberté. » Encore heureux : il considérait que c'était un inconvénient (mais mineur…). La réglementation est de plus en plus stricte et sévère, c'est un phénomène général. Dans le monde de l'entreprise, mais également dans les pouvoirs publics. Avec ces règles et ces lois, nous essayons de nous sécuriser, d'étouffer dans l'œuf toute tentative de fraude ou de détournement.

Avant toute chose, prenons bien conscience que la plupart des règles posent en principe une image négative de l'humain. Alors que moi, je pars du principe que chaque être humain est bon jusqu'à preuve du contraire. Ensuite, soyons bien convaincus que ce foisonnement de règles ne crée qu'une apparence de sécurité.

Toutes ces règles, ces procédures, ces schémas de fonctionnement, ces descriptions de fonction, ces lois, c'est la mort de la créativité. Comprenez-moi bien : je ne plaide pas pour qu'on supprime toutes ces règles (même si on pourrait sensiblement en réduire le nombre). Je propose une résistance simple à l'égard des règles. Qu'elles continuent d'exister, puisqu'il est beaucoup trop difficile de les supprimer. Travaillons plutôt à modifier notre manière de nous y conformer.

L'anarchisme. Selon le dictionnaire, l'anarchisme est la recherche d'une situation où personne n'a l'autorité en main. L'anarchiste serait : « Quelqu'un qui refuse de se soumettre aux règles et aux lois d'autrui, parce qu'il estime que chacun est son propre maître. » Voilà qui se rapproche déjà de mes propres conceptions. Cela se rapproche également de l'indépendance d'esprit qui caractérise les personnes entreprenantes. Les vrais entrepreneurs seraient-ils aussi de véritables anarchistes ? Qui sait…

Il y a quelque temps, un groupe spécialisé dans le travail intérimaire m'a demandé d'intervenir pour aider ses directeurs d'agence à renforcer leur créativité et leur capacité d'entrepreneuriat. Faute d'esprit d'entreprise, les résultats fléchissaient. Ça ne m'étonne qu'à moitié, surtout quand je vois les difficultés qu'ont les entreprises du secteur du travail intérimaire pour se différencier les unes des autres. Il vous est sûrement déjà arrivé de traverser une rue où on les trouve toutes à la queue leu leu. Dans les mêmes immeubles sans âme, présentant les mêmes offres d'emploi. J'ignore comment elles en sont arrivées là, mais elles méritent certainement le premier prix de la grisaille. Alors que sur le marché du travail, pour attirer le talent, il est clair qu'il faut se différencier. La question qui m'était posée était donc plus que légitime.

J'ai commencé par visiter trois agences choisies au hasard (elles faisaient toutes des pieds et des mains pour participer au projet). J'y ai rencontré individuellement chaque collaborateur et collaboratrice avec qui j'ai parlé de créativité et de leurs idées. J'ai observé un point commun à tous ces entretiens, à savoir un gigantesque blocage chez presque tous mes interlocuteurs. « La direction n'en veut pas », « Nous avons déjà essayé ça, et ça n'a pas marché », « Nous n'avons pas d'argent pour ça » et « Je ne suis pas tellement créatif ». Très caractéristique. Avec un tel état d'esprit, devenir créatif, réfléchir vraiment, s'affranchir des carcans, est impossible. Il fallait donc lever ces obstacles.

Tout est permis

C'est là que mes premières réflexions sur l'anarchisme se sont dessinées. Comment allais-je pouvoir arracher ces personnes à leur ancien monde de règles, de frustrations et de déception ? Après avoir prévenu la direction nationale de mes pensées anarchistes, je suis allé expliquer à tous les collaborateurs de ces agences que je leur donnais carte blanche. D'abord, ils ne m'ont pas cru. Mais je leur ai promis d'assumer toutes les conséquences négatives (s'il devait jamais en avoir). J'ai décidé de lever tous les blocages. « Rien n'est interdit », « Le coût n'a pas d'importance », « Vous êtes très créatifs », « Essayez encore une fois », etc. Je vous entends déjà penser : « Chez nous, ce ne serait vraiment pas possible ! » Ou bien : « Ça a dû susciter un de ces tollés. »

La première surprise, c'est que dans la plupart des entreprises travaillent des gens qui sont bien élevés, et dont les réflexes sont conditionnés, depuis (très) longtemps par l'entreprise qui les emploie. C'est pour cela qu'un nouveau patron ou un nouveau manager doit toujours intervenir au cours des 100 premiers jours. Durant cette période-là, il voit encore très clairement ce qui ne tourne pas rond et ce qui doit changer. Cette capacité d'analyse s'estompe malheureusement très vite. Aussi, puisqu'on travaille avec des gens bien élevés, prêcher l'anarchisme ne fait pas courir de grands risques. Les gens ne vont pas faire des choses folles. Alors que c'est justement ça que vous recherchez !

Il est donc absolument indispensable d'arracher avec force, sans nuance, tous ces gens de leurs schémas de pensée habituels. Einstein, déjà, avait remarqué qu'apporter des changements par petites touches aboutit à pérenniser les problèmes. Autrement dit, si vous voulez vraiment changer les choses et libérer vraiment la créativité, il faut arracher brutalement les gens à leurs habitudes. Il n'y a pas d'autre moyen.

Chaque collaborateur à qui j'ai parlé — et j'en ai rencontré des dizaines — m'a proposé, dans la semaine, dix idées. Des bonnes et des mauvaises. Des vertes et des pas mûres. Une créativité jamais vue. Même de la part de personnes qui s'étaient présentées elles-mêmes comme incapables de créativité. C'est généralement elles, d'ailleurs, qui ont eu les meilleures idées. J'ai organisé une nouvelle salve de réunions, agence par agence. Devant tous les collaborateurs réunis, j'ai mis sur la table toutes les idées émises, pour en isoler 10 qui étaient susceptibles d'une mise en œuvre immédiate. Attention, ce que nous avons retenu, ce n'étaient pas les meilleurs concepts. Nous nous sommes bornés à sélectionner les idées qui pouvaient être mises en œuvre dès le lendemain. Qui permettaient de passer à l'action immédiatement. J'ai dû répondre une fois de plus aux objections classiques : « Est-ce que la direction est d'accord ? » Mais entre-temps, l'engouement était devenu tel que ma réponse « Vous avez mon autorisation » a suffi. Une idée sans exécution, ce n'est rien. Une innovation n'est rien si elle n'est jamais mise en œuvre.

Et c'est ainsi que nous sommes passés des paroles à l'action. Nous avons repeint les locaux, imaginé et accroché des fanions, mené des actions en tout genre... bref, nous avons déclenché beaucoup d'enthousiasme. L'important, en l'occurrence, ce n'étaient pas les actions elles-mêmes. L'important, c'est que par la mise en œuvre de leurs idées, ces collaborateurs devenaient soudain des éléments à part entière de leur organisation, fiers de participer à la réflexion sur l'avenir de l'entreprise. Une bonne part des actions mises en œuvre transgressaient les règles du manuel, les instructions nationales et internationales. Si vous saviez ce qu'on y trouve parfois ! La description détaillée, par des collègues américains, de l'apparence à donner aux agences en Europe...

Ne pas retomber

Pourquoi est-il tellement important de passer immédiatement à l'action ? Pourquoi faut-il donc sélectionner les idées d'après ce critère d'applicabilité immédiate ? Parce que trop souvent, les formations, les séminaires résidentiels et les beaux projets n'aboutissent pas à des actions concrètes. Du coup, les collaborateurs retombent immédiatement dans leurs schémas de comportement anciens. Il faut donc agir, et agir vite. Même au détriment des nuances, même si cela impose de mettre de côté d'excellentes idées à long terme. Ne tombez pas dans le piège de la nuance, de l'envergure, et autres freins. La rapidité est essentielle.

Revenons à nos agences d'intérim. Nous avons demandé aux trois agences pilotes de présenter leurs idées, parfois un peu sauvages, au reste du réseau. Leur enthousiasme fut contagieux. Tout le monde voulait participer. « Si on peut faire ça, moi aussi, j'ai de bonnes idées. » Pour la direction, tout l'art consiste maintenant à ne pas freiner immédiatement le mouvement mais bien à créer avec le plus grand soin un espace propice à la mise en œuvre des idées. Tenter de freiner ce processus créatif équivaudrait à l'étouffer dans l'œuf. Et je le répète, il ne se passera rien d'extravagant, car cette entreprise d'intérim n'emploie que des collaborateurs bien élevés.

Créer les conditions de la créativité n'est rien d'autre qu'autoriser la créativité. Comment enclencher le processus ? Pour enclencher un processus créatif, vous devez expliquer à tous vos collaborateurs à quel point leur créativité est essentielle à la survie de l'entreprise. Et en tant que leader, vous devez en être vraiment persuadé. Authentiquement. Peu importe le moyen : affiches, lettres d'information, réunions, les moyens de communication les plus divers. Expliquez-leur à quel point c'est important, mais aussi que chacun peut et doit participer. Pas seulement les départements créatifs : tout le monde. Quel que soit le niveau dans l'entreprise.

Invitez chaque collaborateur à proposer 10 bonnes idées susceptibles d'augmenter le chiffre d'affaires de l'entreprise. Tournez votre créativité vers l'extérieur ! Pour faire court, à l'intérieur de l'organisation, il n'y a plus rien à récolter. C'est trop facile et d'ailleurs, l'organisation s'en occupe déjà. Je tiens à insister sur ce point : la plupart des organisations consacrent déjà beaucoup d'attention à leur fonctionnement intérieur, et cela aboutit généralement à toutes sortes de mesures d'économie — d'ailleurs souvent utiles. Mais puisque ce chapitre est déjà couvert, je recommande de l'omettre pour ne viser que le marché. La question à poser à chaque collaborateur est la suivante : « Imaginez 10 idées susceptibles d'augmenter le chiffre d'affaires. » Si votre organisation est un organisme à but non lucratif, ça marche aussi : « Imaginez 10 idées qui vont améliorer la relation avec notre client. »

Mon conseil : levez toutes les barrières. Tout doit être permis. Quant aux règles, aux procédures et aux budgets : au placard. Vos collaborateurs risqueraient de s'accrocher au plus petit des prétextes pour ne pas répondre à la question. C'est ici qu'intervient l'anarchie. Les leaders et les managers doivent insister lourdement sur ce point : tout est permis. Ce qui est difficile, puisque dans la réalité, ce n'est pas le cas.

Il est indispensable que les collaborateurs, les collègues ou le partenaire comprennent qu'il s'agit d'un exercice de créativité non préformaté, où les limites ont cessé d'exister. C'est absolument indispensable si vous voulez obtenir beaucoup de bonnes idées. Subdivisez votre organisation en petites unités à taille humaine. 10 personnes par groupe, maximum, pour éviter de perdre le fil de chaque idée. Cela vous donne donc un maximum de 100 solutions créatives par groupe. L'étape suivante consiste à demander au groupe de mettre en œuvre les 10 meilleures idées. Cela veut dire qu'il faut en abandonner 90. Il faut sélectionner les idées immédiatement applicables. N'évaluez pas les mérites intellectuels de chaque idée, ça ne mène à rien. Choisissez les idées les plus faciles à mettre en œuvre, peu coûteuses, voire même rentables. Et mettez-les en application promptement. Même si pour cela vous devez désobéir à certaines règles de l'entreprise. Mais oui, absolument ! Rien de tel que transgresser les règles avec 10 idées amusantes, créatives, productives pour créer une atmosphère entreprenante. J'entends d'ici vos collaborateurs se réjouir : « Enfin, nous avons notre mot à dire. » Cela redynamise l'organisation. C'est tellement simple… Peut-être un peu effrayant, bien sûr, et le management devra donc faire preuve d'audace et de volonté. Pour résumer : tout ce processus doit être simple, immédiatement exécutable, peu onéreux, spectaculaire.

On m'a récemment demandé mon avis sur la structure et la culture d'une entreprise du secteur de l'électromécanique. La direction unanime estimait que les choses n'y tournaient pas rond. Et elle avait raison ! En vingt ans, cette entreprise était devenue l'une des organisations les plus ennuyeuses du pays. L'horreur ! Des procédures tirées au cordeau, une direction circonspecte, un management d'une rigueur... ça donnait froid dans le dos. Heureusement, toute l'équipe dirigeante était du même avis, directeur général en tête. Le raseur en chef ! C'en était arrivé à un point tel qu'il se reconnaissait lui-même dans ce titre. C'était donc la clé de la solution. Je tiens d'ailleurs à rendre hommage à l'honnêteté intellectuelle de ce directeur général, qui a démissionné par la suite.

Un petit grain de folie

Venons-en à la solution. Comment une entreprise peut-elle se libérer de l'emprise de l'ennui ? En deux jours, nous avons préparé la direction à apprécier un petit grain de folie. En fait, tout le monde aime ça. Pour une fois, avoir le droit de faire des choses interdites. L'entreprise s'était engluée dans un fatras de règles et d'habitudes. Vous me direz : n'est-ce pas partout pareil ? Peut-être. Ce qui est beau, c'est qu'en deux jours, la direction elle-même a décidé de se dégager de cette gangue. Nous avons établi une liste de 10 péchés capitaux. Les 10 règles majeures de l'entreprise. Car la direction s'était rendu compte que seul son propre exemple allait pouvoir arracher l'entreprise à ce comportement prédéterminé. Nous avons fixé une date, rédigé un manifeste, et invité tous les collaborateurs à se réunir à l'extérieur. Pendant ce temps, les locaux allaient être complètement réaménagés. Chaque poste de travail serait complètement relooké, en termes d'espace, mais aussi d'apparence. La direction allait aussi se lancer dans des actions jusque-là interdites. Sans compter qu'on allait également changer le nom de l'entreprise. Une reconstruction à neuf ! Le choc fut grand, mais il créa immédiatement la base d'un véritable changement.

Il est rare qu'un comité de direction décide à l'unanimité de virer ainsi de bord, de reconstruire l'entreprise sur un mode créatif. De se libérer de ses habitudes anciennes pour relancer la machine créative. L'idée reste toujours la même : imaginez un moyen d'arracher l'entreprise à ses anciens comportements. Aux vieux schémas sclérosés, coagulés, qui inhibent la créativité. À mes yeux, c'est le meilleur moyen pour rallumer la créativité : demander au management d'afficher comme un seul homme un comportement créatif et anarchiste.

Vous pouvez en être sûr, dans la plupart des entreprises, le processus créatif est à zéro. En tout cas en ce qui concerne les processus de grande envergure, auxquels participe l'ensemble des collaborateurs. Pour enclencher un tel processus, il faut mettre la gomme. Avec un maximum de conviction, pour rassurer. De manière stimulante, car beaucoup vont réagir en se disant incapables de créativité. Alors que c'est faux, justement ! Mais vous verrez : après des débuts peut-être laborieux, quelque chose va se passer. D'abord, un frémissement, hésitant, parce que les gens manquent souvent d'audace. C'est à ce moment-là qu'il est très important de fermer un instant les yeux sur les règles. Laissez les choses suivre leur cours ! En aurez-vous le courage ? Ou avez-vous peur que le chaos n'envahisse l'entreprise ?

Courage ! Il n'y aura pas de chaos. Nous autres Occidentaux sommes trop disciplinés pour nous lancer vraiment dans des choses tout à fait folles. Cette capacité – là hélas ! – nous l'avons perdue dès l'enfance. Alors lâchez prise ! Comme un bon coach avec son équipe de foot, laissez l'équipe faire elle-même son travail sur le terrain. Quand on enclenche correctement le processus créatif, les gens commencent à se lâcher un peu, timidement au début. Il faut leur laisser le temps de prendre de l'aisance. Au début, fermez les yeux sur les erreurs. Fermez les yeux sur les transgressions de règles. Voyez comment les gens vont repositionner leurs propres limites et obligez-vous à ne pas intervenir. Laissez les choses aller trop loin. Et si vous devez à tout prix intervenir, intervenez dans le sens d'une exécution aussi concrète que possible. Car une idée n'est bonne que si elle a été mise en œuvre avec succès. Visez la rapidité et la simplicité.

Dépêchez-vous d'engranger des succès, et communiquez-les rapidement à tous les autres collaborateurs. Partagez ces succès ! Les autres leur emboîteront immédiatement le pas.

J1	**Enclenchez la machine créative. Pour de vrai.**
J2	**Tout le monde participe, car tout le monde est créatif.**
J3	**Obtenez 10 idées par personne.**
J4	**Sélectionnez les 10 meilleures idées de chaque équipe.**
J5	**Retenez surtout les idées les plus faciles à mettre en œuvre. Dès demain !**
J6	**Pour un temps, oubliez toutes les règles.**
J7	**Communiquez les succès.**
J8	**Lâchez prise en matière de règles et soyez un coach.**

Faites vôtre la « loi de Leen » : « Stimuler l'anarchisme dans une entreprise sclérosée déclenche la créativité. »

C'est votre affaire, après tout

L'entrepreneuriat, ça existe tant à l'intérieur des entreprises qu'à l'extérieur. Les entrepreneurs sont d'ailleurs des personnes dotées d'une indépendance d'esprit dont nous avons tant besoin. « C'est votre affaire » peut vouloir dire « c'est votre propre entreprise. » Mais cela peut également signifier qu'il est tout simplement question de vous-même. C'est votre affaire… C'est dans votre propre intérêt.

Commençons par l'entrepreneuriat au sens le plus pur du terme : créer sa propre entreprise. J'avais d'abord pensé que *Brûle ta cravate et danse* serait un livre destiné aux entreprises d'une certaine envergure désireuses de devenir plus agréables à vivre. Mais je me rends compte que certaines personnes, qui viennent de lancer leur propre entreprise ou qui envisagent de le faire, y puisent également beaucoup d'inspiration. Ils sont nombreux, les candidats qui imaginent lancer, peut-être, un jour, leur propre entreprise. Ce qui les motive, c'est généralement la conviction qu'ils ont une bonne idée à laquelle ils croient dur comme fer. Il est rare qu'un simple sentiment d'insatisfaction soit une motivation suffisante. Pas plus que l'espoir de gagner beaucoup d'argent. Non pas qu'il faille rejeter l'idée de gagner beaucoup d'argent, mais en soi, elle ne donne pas assez d'énergie. Avoir beaucoup d'argent est très agréable (et j'ai souvent dit que le bénéfice est une mesure du succès), mais ce n'est jamais la motivation première. Cette motivation dans laquelle on va, chaque jour, chercher son énergie. L'énergie doit provenir du plaisir que l'on ressent, par exemple, au moment de conclure un nouveau contrat. Ou au moment de lancer sur le marché un nouveau produit ou service.

Récupérer une bonne idée quelque part dans le monde pour la copier ensuite dans son propre pays est une idée relativement simple pour commencer. Copier/coller. Aucun problème, il n'y a aucune honte à ça. Copier une bonne idée, tout simplement. Beaucoup d'entrepreneurs débutants commencent ainsi. C'est d'ailleurs moins facile qu'on ne pourrait le croire, car il faut avoir l'œil et savoir identifier les opportunités qui tiennent la route. Or il y a toujours plus d'opportunités qu'on ne le croit.

Franchement, détecter une opportunité, la copier et l'implanter avec succès n'est pas si facile. Un grand nombre d'autres facteurs jouent également un rôle. Avez-vous un bon réseau ? Avez-vous le sens du marketing et de la vente ? Percevez-vous les exceptions culturelles qui font qu'un produit qui marche très fort au Japon n'aura pas l'ombre d'une chance en France ? Et tant d'autres facteurs…

Quant à découvrir une « application phare », une véritable lacune sur le marché, c'est beaucoup plus difficile qu'il n'y paraît. C'est bien plus qu'une simple question de technique ou de produit : il s'agit d'un tout.

En revanche, une chose est sûre : si vous voulez lancer votre propre entreprise, il faudra trouver un créneau auquel vous croyez suffisamment pour être disposé à tout lui sacrifier. Faites donc le test. Je ne vous parle pas de vous lancer comme consultant indépendant (c'est ce qu'il y a de plus facile et de plus sécurisant à lancer). Non, je parle de lancer une véritable entreprise. Avec du personnel, des produits, des investissements. Cela demande beaucoup d'audace et beaucoup de foi. Et du temps.

Convertir votre passion

L'autre jour, j'ai reçu un coup de fil d'un jeune homme qui, depuis des années, exerçait sa vraie passion en plus de son métier. Il pensait que le moment était venu pour lui de convertir cette passion en une entreprise. Ça, c'est le langage auquel je crois. Aucun ressort n'est plus efficace que la passion pour lancer une entreprise. C'est là qu'on trouve le plus d'énergie. Avec une telle formulation, quand il m'a demandé si je voulais bien l'aider, je n'ai pas réfléchi longtemps.

Voici donc mon premier conseil pour se lancer (SL1) : « Quelle est votre passion ? » Quels sont vos véritables rêves, vos véritables ambitions ? Où est votre source d'énergie ? Vous en aurez besoin quand il s'agira de persévérer.

Encouragement SL2 : « Votre idée est-elle défendable ? » Testez-la avant tout auprès d'entrepreneurs. Les meilleurs, les plus critiques. N'allez pas voir des fonctionnaires ou des banquiers. Faites-vous conseiller par des entrepreneurs qui sont déjà passés par là et pas par des amis et des connaissances qui veulent votre bien. Allez voir les entrepreneurs chevronnés. Vous verrez très vite si votre projet tient la route. Vous y trouverez peut-être même un appui, qu'il soit financier ou mental.

Encouragement SL3 : « Donnez votre démission et commencez. » Ça y est, c'est parti. Mais ne faudrait-il pas d'abord un business plan ?

Vous le voyez, mes trois conseils n'ont pas grand-chose en commun avec ceux que l'on trouve généralement dans les livres consacrés à l'entrepreneuriat. Ces livres-là vous conseillent généralement de commencer par un bon business plan. Avec un excellent plan de financement et un superbe plan marketing. Impeccablement structurés, truffés de tableaux et de diagrammes, à soumettre aux banques et aux éventuels financiers. Je n'y crois pas du tout ! Pour moi, l'essentiel consiste à disposer de sa propre source d'énergie : la passion. Et d'audace. Donnez votre démission, cela vous obligera à agir. C'est après que vous pourrez passer aux étapes plus conventionnelles. Voyez John Kao. Il débordait de passion, il a donné sa démission et il a loué une usine vide… Puis il a commencé. Croyez-moi, cependant : John a également préparé un business plan en béton armé. Mais après avoir commencé. L'action doit précéder la réflexion. Je suis un grand partisan de l'action. Retrousser ses manches et commencer. Sans se soucier de poser 1 001 filets de sécurité. Mais bien sûr avec un plan structuré dans la tête. Car sur ce plan est basée votre passion.

Voyez les intrapreneurs, les entrepreneurs qui se trouvent au sein d'une entreprise. Ils sont extrêmement importants. Ils sont orientés vers l'extérieur, vers le marché, et font souvent preuve d'une grande indépendance d'esprit. Ils ont d'ailleurs souvent l'esprit un peu désordonné. C'est pour cela qu'ils sont très précieux. Comment faire pour attirer ces intrapreneurs dans une organisation ? Comment faire pour les fidéliser ? Mieux encore, comment les stimuler ? Comment peut-on devenir entreprenant soi-même ? Selon moi, la clé, c'est l'indépendance d'esprit. La croyance profondément ancrée qu'on a le droit à l'erreur. Ce qui est rare. La plupart du temps, on tolérera que vous mettiez une idée en pratique, pourvu que tout finisse bien. Du coup, tout sera fait en amont pour éviter les risques.

La loi de la vexation

Une chose est sûre : quand on est entrepreneur, on n'est jamais sûr de rien. On a beau croire à un projet, le tester, le vérifier auprès des entrepreneurs les plus critiques, on n'est jamais certain que tout ira bien. Bien sûr, vous êtes convaincu de votre futur succès. Si ce n'est pas le cas, mieux vaut ne pas se lancer. Mais même si votre conviction est absolue, des choses tout à fait imprévues peuvent se produire. Ça fait partie de l'entrepreneuriat. C'est donc un élément essentiel à retenir pour les entreprises qui souhaitent stimuler l'intrapreneuriat. D'où mon conseil SL4 : « Les erreurs, cela arrive. » Certaines personnes diront : « Vous pouvez faire des erreurs. » Mais ce n'est pas tout à fait exact. Il faut accepter l'idée fondamentale selon laquelle des idées entreprenantes peuvent échouer. Et même que cela valait le coup pour l'entreprise. Beaucoup de gens ont du mal à l'admettre. Disons qu'il vaut mieux que ceux-là ne se mettent pas à entreprendre.

En effet, les erreurs, cela arrive. Et il arrive parfois, sous prétexte que quelque chose ne se déroule pas exactement comme prévu, qu'on mette fin à l'initiative tout entière.
C'est fréquent dans le monde des entreprises. Pour inhiber d'emblée ce réflexe de prévention des erreurs, il existe un outil très simple qui deviendra donc mon conseil SL5 : « Placez d'emblée vos activités entreprenantes en dehors de votre structure habituelle. » En effet, une entreprise adapte son mode de fonctionnement à sa structure. Par conséquent, elle applique immédiatement ses normes et valeurs habituelles pour évaluer et contrôler les idées et les plans les plus entreprenants. Et ça, c'est la fin de tout. Attention : je ne vous encourage pas à modifier les règles et procédures existantes au sein de l'entreprise. Au contraire, laissez-les subsister. Dans une entreprise sclérosée, n'essayez pas de créer désespérément une atmosphère entreprenante à coups de règlements. Non, facilitez-vous la vie et placez vos entrepreneurs à l'extérieur de votre structure. En termes d'organigramme, et même physiquement.

Sévère mais juste

Voici mon conseil SL6 : « Traitez vos intrapreneurs comme s'ils étaient des extrapreneurs. » Tout comme de vrais entrepreneurs, ils doivent ressentir les effets de la réussite ou de l'échec. Soyez dur, comme le sont les entrepreneurs chevronnés qui réussissent. Soyez juste et équitable. Qu'est-ce que cela veut dire ? Qu'en cas d'échec, les intrapreneurs doivent en ressentir les conséquences. Comme dans la vraie vie. Dans la vraie vie, on peut tomber en faillite. Inutile d'aller si loin, bien entendu. Mais s'il n'y a aucune sanction à l'échec, tout l'exercice ne se résumerait qu'à un jeu dénué d'intérêt.

À l'époque de ma première société, Bolesian, nous n'avons jamais enregistré de pertes au cours des premières années. Nous ne pouvions pas nous le permettre. Nous n'avions ni oncle d'Amérique ni botte secrète. Nous étions seuls. Les banques n'y croyaient absolument pas. Notre seul et unique concurrent était la société BSO/AI. Une division de la SSII néerlandaise BSO fondée par Eckart Wintzen. Eckart m'a un jour demandé comment nous faisions pour dégager avec la même constance des bénéfices alors que sa division affichait constamment des pertes. La réponse était simple : nous ne pouvions pas nous permettre des pertes, car cela aurait signifié la faillite de l'entreprise. Tandis que les pertes de BSO/AI étaient tout simplement couvertes par la maison mère. Autant dire que cet état de choses bafouait le principe même de l'entrepreneuriat.

Autrement dit, traitez toujours très durement vos intrapreneurs, comme le ferait le marché. En revanche, accordez-leur un intéressement généreux aux bénéfices. Comme le ferait aussi le marché. Si la division réalise d'importants bénéfices, si elle est vendue à bon prix, faites-en profiter largement vos intrapreneurs. Tout comme l'aurait fait le marché. Vous le voyez, voilà encore une raison impérieuse de placer vos intrapreneurs à l'extérieur – ou en tout cas à la lisière – de votre organisation.

Faites-leur sentir que c'est leur affaire. C'est bien ça que vous voulez, non ?

SL1	**Quelle est votre passion ?**
SL2	**Votre idée est-elle défendable ?**
SL3	**Présentez votre démission et lancez-vous.**
SL4	**Les erreurs, ça arrive !**
SL5	**Placez vos activités entrepreneuriales à l'extérieur de votre structure habituelle.**
SL6	**Traitez vos intrapreneurs comme s'ils étaient des extrapreneurs.**

Petiller en un clin d'œil

Vous avez remarqué ? En France, tout le monde travaille dans une entreprise ou dans une organisation pétillante ! Chacun part travailler en sifflotant, et à le voir passer, les autres se disent « j'aimerais travailler au même endroit que lui ». Franchement, est-ce que vous travaillez dans une entreprise pétillante ? Ou est-ce que vous vous demandez à quoi ça sert ?

Je vais vous le dire. La règle d'or est la suivante : les entreprises où les gens prennent plaisir à travailler font davantage de bénéfices. Nous n'allons pas en débattre ; si vous n'y croyez pas, tout est perdu. Malheureusement, dans beaucoup d'entreprises, rendre l'organisation agréable à vivre n'est pas à l'ordre du jour. Or paradoxalement, ce qui est tout à fait à l'ordre du jour, c'est de vouloir attirer de nouveaux talents. Par des campagnes de recrutement astucieuses ou par des actions créatives, où l'on invite les candidats à mener leur entretien d'embauche dans une salle d'exposition, par exemple. Tout ça est très créatif et très agréable, aucun doute là-dessus. Malheureusement, dès que le nouveau talent a été recruté, la triste réalité s'impose : l'entreprise est ennuyeuse à mourir.

Est-ce donc si difficile d'introduire dans l'entreprise un peu de fantaisie pour la rendre plus agréable à vivre ? Au contraire, c'est très simple. À condition

d'y prêter attention et d'en voir tout l'intérêt. J'en arrive donc à mon conseil P1 : « Accordez de l'importance à rendre l'entreprise agréable à vivre et pétillante, et faites-le savoir ! » Attention, si vous envisagez de suivre mon conseil sans être absolument convaincu de son bien-fondé, abstenez-vous.

Dans l'entreprise, pétiller revient à être fun : rendre le quotidien agréable, plaisant, pour que les gens viennent travailler avec plaisir dans un environnement agréable. J'entends d'ici votre réaction : « Ça va coûter cher. » Détrompez-vous ! C'est probablement beaucoup moins onéreux que votre situation actuelle. Laissez-moi vous expliquer. Je suis toujours stupéfait de voir combien d'entreprises s'installent dans des immeubles de bureaux standardisés et mornes. Leur premier critère est celui du loyer par mètre carré, qui doit être « conforme au marché ». Le deuxième critère est celui de la localisation. Ce n'est qu'après qu'on se préoccupe de l'aménagement intérieur. Pas trop luxueux, ça pourrait être critiqué. C'est bien ce qu'il faut faire ? C'est bien comme cela qu'on rend l'environnement de travail pétillant ?

Je vous le garantis : la plupart des collaborateurs ne sont jamais consultés quand il s'agit de choisir et d'aménager le lieu de travail. Non mais sans blague, ce serait ingérable… Ce qui m'amène à mon conseil P2 : « Créez un environnement de travail agréable, où les gens aiment se retrouver. »

Une de mes entreprises s'est un jour installée dans une ancienne école primaire. Pas cher… et rigolo !

Les clients y venaient avec plaisir. Mieux : certains clients demandaient s'ils pouvaient louer nos locaux pour y rencontrer leurs propres clients. Pourquoi ? Parce que ça leur permettait – enfin – de quitter de temps à autre la morosité de leur propre environnement. De fréquenter des espaces inspirants. Remarquable, non ? Un immeuble bon marché, qui s'avère plus créatif et plus amusant, plus pétillant.

Encore un mot sur l'aménagement intérieur. Nous nous sommes abstenus de faire venir des architectes d'intérieur à prix d'or. Nous nous sommes vite rendu compte qu'aller chez IKEA acheter des chaises et tables était bien moins cher. Qualité équivalente, voire meilleure (ce que contesteront bien entendu les professionnels de l'aménagement de bureaux), pour un tiers du prix. Mieux et moins cher.

Nous voilà donc dans un immeuble à bas loyer, aménagé au meilleur prix, un cadre agréable pour nos collaborateurs, et attirant pour nos clients. Un environnement de travail transformé en un actif. Et ce ne serait possible que dans de petits immeubles ? Certainement pas. Voyez la quantité de hangars industriels et d'entrepôts vides. Ce que nous faisons ici, c'est sortir des sentiers battus. C'est jeter aux orties les habitudes, les procédures et les standards. Faire pétiller l'environnement de travail est amusant, facile et économique. Très économique. Et n'est-ce pas ce que nous voulons ? Simplement, il faut court-circuiter tous les spécialistes de l'aménagement. En plus, ça vous fera gagner du temps.

Cela fait longtemps que j'observe combien, pour la plupart des gens, le cadre de travail est un facteur important. Aux alentours de l'an 2000, la tendance était à la flexibilité – pas de postes de travail fixes. C'était oublier un peu vite l'énergie que les collaborateurs puisent dans leur lieu de travail, si tant est qu'il leur en donne. Ce qui, bien entendu, est rarement le cas. Revitalisez le lieu de travail, et voyez par vous-même à quel point tout va pétiller.

Une entreprise pétillante se différencie des autres. Dans un monde de pénurie de talents, de guerre pour les talents, ce n'est pas anodin. Nous l'avons vu, les jeunes attachent bien plus d'importance au plaisir et au pétillement dans leur travail qu'au détail de leur plan de retraite. C'est une évolution considérable des mentalités.

Une question d'ego

Comment faire pour rendre mon entreprise pétillante ? La réponse à cette question est indissociablement liée au mot « égoïsme ». Tout comme le mot « anarchie », « l'égoïsme » est porteur d'une charge apparemment négative. Mais il faut voir plus loin. Demandez-vous à quoi vous voulez que ressemble votre entreprise. À quoi devrait ressembler votre propre poste de travail. Commencez par vous-même, c'est souvent beaucoup plus facile que de vous demander ce que pensent les autres. Commencez par vous-même et organisez les choses en fonction de votre propre souhait. Voilà qui est réglé. Vous vous sentez bien et cela se voit. Il y a de grandes chances que par ricochet, cela irradie aussi sur les autres.

Mon conseil P3 : « Tant qu'à rendre les choses plus agréables, commencez par vous-même. » Décrivez comment vous voulez que ça se passe et faites-le. Autre chose. Combien d'entreprises fêtent encore leurs succès ? Et je ne parle pas du cocktail offert à l'occasion d'une acquisition ou du verre de champagne qui couronne la fin d'une bonne année. Non, combien d'organisations fêtent chaque succès ? De manière à stimuler les autres collaborateurs à signaler leurs succès et à en engranger ? Une des entreprises que j'ai dirigées avait une grande cloche qui trônait dans le hall d'entrée. Chaque nouvelle commande, chaque nouveau client était salué d'un grand coup de cloche. Ça sonnait dans l'ensemble du bâtiment, donnant une couleur positive à la journée — surtout pour la personne qui sonnait la cloche ! N'hésitez donc pas à fêter copieusement chaque succès ensemble.

Comme vous le voyez, rien de tout cela ne coûte cher. Nous n'avons parlé que de considération et de plaisir. Croyez-moi, je n'ai encore jamais vu de collaborateurs ressentir trop de plaisir dans l'entreprise. L'excédent de plaisir n'est pas pour demain, et une bonne nouvelle est toujours bienvenue. J'ai d'ailleurs instauré une règle à ce propos : jamais, au grand jamais, il ne faut communiquer une mauvaise nouvelle ou un désaccord par texto ou par voie de messagerie vocale. Où en étais-je ? Ah oui, conseil P4 : « Les bonnes nouvelles, ça se diffuse largement. En revanche, on communique toujours les mauvaises nouvelles soi-même, en personne, et uniquement à leur destinataire. »

Le pétillement, l'accumulation de toutes ces petites bulles pétillantes, ça ne coûte rien. C'est à notre portée, c'est tellement proche qu'on n'y pense même plus. Et en plus, ce pétillement, tout le monde le voit. Vos clients aussi. Ils peuvent même y participer.

De l'interne vers l'externe

Mon cinquième conseil tient en peu de mots. P5 : « L'externe prime toujours sur l'interne. » C'est le client qui paie notre salaire. Sans client, pas de chiffre d'affaires. Pour les pouvoirs publics, c'est pareil. Sans citoyens, pas d'impôts et sans impôts, pas de traitement à la fin du mois. Conclusion : le client prime toujours, et le client a toujours raison, même quand il a tort : il suffit de lui donner raison. Beaucoup d'entreprises ne considèrent pas le client avec cette rigueur. Dans ces entreprises-là, ce sont toujours les réunions internes qui priment. Un entretien avec le patron passera avant un entretien avec le client. À l'époque où j'étais P-DG chez Origin, il m'arrivait de vérifier moi-même l'application de cette règle interne/externe. Je passais inopinément la tête dans une salle de réunion, je demandais si la réunion était « interne » ou « externe ». Si elle était interne, je m'asseyais pour conclure la réunion. Et si elle était externe, j'en profitais pour faire la connaissance du client. À tous les coups, cela lui faisait plaisir, surtout quand je lui expliquais ma motivation. Cette attention au rapport interne/externe est très facile à mettre en place. À vrai dire, c'est tellement ancré en moi qu'il m'est arrivé récemment une situation cocasse. Pour une fois, j'étais le client et j'avais besoin de joindre d'urgence le directeur général d'un important fournisseur. J'appelle, la secrétaire me signale que M. Untel est en conférence. Avant même que je réfléchisse, la question m'échappe : « Réunion interne ou externe ? » Déconcertée, la secrétaire répond avec un temps de retard : « Interne. » « Dans ce cas, vous pouvez le déranger deux minutes ? »... et elle a fait suivre la communication. Je n'ai pas manqué de la rappeler pour lui expliquer d'où m'était venue cette curieuse question. Elle a immédiatement compris et a même trouvé ça plutôt drôle. Mais dans une entreprise où le client n'est pas véritablement roi, il est probable qu'on aurait mal pris la chose. Toute entreprise qui se respecte se doit de mettre le client au centre de ses préoccupations... après avoir bien souvent réglé toutes les questions internes. Placer vraiment le client au centre de ses préoccupations rend l'entreprise plus dynamique, plus amusante, plus aventurière et plus pétillante. Pour elle, mais surtout pour les clients.

L'humour, lui aussi, fait pétiller. Le sens de l'humour et la capacité à relativiser, qui n'est jamais qu'une autre forme d'humour. L'humour fait rire et rire, c'est pétiller. Dans tant d'entreprises, on a l'impression que l'humour est tabou. Tout est sérieux et compassé. Comme si être sérieux et compassé, c'était être professionnel (c'est souvent l'idée sous-jacente). Remettons les pendules à l'heure : une entreprise professionnelle est une entreprise où chacun sait ce qu'il a à faire et y est parfaitement préparé. Il existe une autre définition du professionnalisme : c'est celle de l'entreprise fortement structurée et contrôlée. L'entreprise basée sur ce qu'il y a de mauvais dans l'humain, fondée sur la méfiance, qui considère la capacité à relativiser et le sens de l'humour comme autant de faiblesses. L'entreprise se sclérose à vue d'œil.

Alors que j'étais directeur général d'un groupe, j'ai décidé de faire un poisson d'avril. Au petit matin de ce 1er avril, j'ai installé mon bureau et deux chaises dans un des ascenseurs. Pendant quelques heures, chaque collaborateur qui montait dans l'ascenseur était confronté à un directeur général en plein boulot. Plutôt surprenant ! Des mois plus tard, on en parlait encore. Parfois, je demandais aux collaborateurs de prendre place et nous avions un petit entretien. Très apprécié. Pour indiquer que moi, le grand patron, j'avais aussi le droit à l'humour et qu'après tout, je n'étais pas si important qu'on pouvait le croire. Trop de leaders se trouvent excessivement importants et prennent de grands airs. Bizarre, non ?

Mon conseil P6 : « Un manager n'est pas plus important que n'importe quel autre collaborateur ; il doit donner l'exemple de l'humour et de la mesure. » J'ai toujours trouvé frappant que parmi les P-DG que je connais, les meilleurs sont ceux qui ont ce sens de l'humour et ce recul. Les pseudo-leaders, eux, n'ont pas ces qualités et s'accrochent désespérément à leur image factice.

Des managers dotés du sens de l'humour et capables de relativiser sont les ferments du pétillement. Après tout, faire des choses bizarres et inattendues, c'est souvent drôle.

Trouvez-vous des motifs de fierté

Après l'humour, c'est la fierté qui peut être une source importante de pétillement. Une entreprise qui inspire à ses collaborateurs de la fierté pétille davantage qu'une entreprise qui inspire la gêne. La fierté, ça se construit avec de la communication et du marketing. Le groupe TNT est fier de l'aide qu'il apporte au Programme alimentaire des Nations unies. Les collaborateurs en parlent avec fierté et d'année en année, le marché apprécie davantage cette initiative. Associer la notoriété de l'entreprise à une valeur fondamentale renforce le sentiment de fierté des collaborateurs. L'entreprise, fière d'elle-même. Voyez ces grandes banques qui sponsorisent la formule 1. Je ne mets pas en cause l'impact sur la notoriété, mais ça ne va guère plus loin. Cette notoriété n'est pas associée à une valeur utile pour le monde. Quand on voit les fortunes ainsi dépensées, c'est dommage. Car il ne faut pas l'oublier : les collaborateurs, eux aussi, voient ces campagnes. Or, eux connaissent déjà le nom de l'entreprise. Et on n'en tient pas compte, au nom de la sacro-sainte notoriété, alors que toutes ces campagnes pourraient contribuer à rendre les collaborateurs fiers de leur entreprise. Ce qui serait cause de pétillement. Alors voici mon conseil P7 : « Faites rayonner de fierté toute l'entreprise – donnez-lui des motifs de fierté. »

Le pétillement, c'est l'accumulation de myriades de bulles. Tout comme le diamant ne brille que par la multiplicité de ses innombrables facettes, c'est l'accumulation de toutes ces petites choses agréables du quotidien qui font pétiller l'entreprise. Il y a donc fort à faire, par petites touches. Par petites étapes. Et même si vous êtes confronté à une organisation éteinte, y réinjecter du pétillement n'est pas tellement difficile. Ça peut se poursuivre à l'infini. C'est pour cela que les conseils que je donne dans ce chapitre ne sont qu'une timide évocation des possibilités qui s'offrent à vous. Quand vous y aurez pris goût, vous pourrez en inventer bien d'autres. Et c'est ainsi qu'en un clin d'œil, vous aurez une entreprise plus agréable à vivre, plus pétillante.

P1	**Accordez de l'importance à rendre l'entreprise agréable à vivre et pétillante, et faites-le savoir.**
P2	**Créez un environnement de travail agréable, où les gens aiment se retrouver.**
P3	**Tant qu'à rendre les choses plus agréables, commencez par vous-même.**
P4	**Les bonnes nouvelles, ça se diffuse largement. En revanche, on communique toujours les mauvaises nouvelles soi-même, en personne, et uniquement à leur destinataire.**
P5	**L'externe prime toujours sur l'interne.**
P6	**Un manager n'est pas plus important que n'importe quel autre collaborateur ; il doit donner l'exemple de l'humour et de la capacité à relativiser.**
P7	**Faites rayonner de fierté toute l'entreprise — donc donnez-lui des motifs de fierté.**

En voiture !

Des questions, des questions, encore des questions. Qui n'ont généralement qu'un seul effet, empêcher le voyage. C'est généralement le plus simple : ne pas partir. Trouver des prétextes pour ne pas partir n'est jamais un problème. Pour nous prémunir de ce travers, nous avons décidé en janvier 2007 de partir en juin de la même année. Est-ce que cela nous donnait le temps de tout planifier ? Non. Mais la pression est devenue instantanément si intense que nous n'avons guère eu le temps de nous y attarder. Quand vous expliquez au directeur de l'école que vous partez en juin, d'une certaine manière, vous vous obligez à partir. Imposez-vous une pression déraisonnable, raccourcissez les délais au-delà du réalisable. L'organisation du voyage va vous prendre tellement de temps que vous n'en aurez plus pour réfléchir. Car en deux temps, trois mouvements, vous aurez l'inspection académique sur le dos et vous n'aurez plus la possibilité de faire marche arrière. En février, remettez votre démission avec entrée en vigueur en juin et hop, ça y est. Il est trop tard pour faire marche arrière, vous devez partir. Avons-nous parfois hésité ? Nous sommes-nous parfois demandé si notre décision était la bonne ? Bien sûr, très souvent même. Mais simultanément, nous étions tellement occupés à tout préparer que les doutes ont vite disparu. Après tout, au Pérou, il allait bien falloir loger quelque part. Un problème bien plus pressant.

En réalité, c'est vrai pour tout ce que j'ai écrit dans ce livre. Certaines choses sont tellement effrayantes qu'il vaut mieux éviter de trop y réfléchir. Pour nous mettre encore plus la pression, nous avons imaginé de franchir d'autres points de non-retour. Nous avons décidé d'écrire un livre, nous avons trouvé un éditeur. Cet éditeur nous a amenés à réfléchir à une collaboration avec le National Geographic Junior, pour qui nous avons décidé de préparer 12 dossiers spéciaux en ligne, consacrés à 12 des pays que nous allions traverser. Nous avons cherché des sponsors pour ces dossiers spéciaux. Il n'y avait absolument plus aucun retour possible. Enfin, nous avons imaginé de monter une exposition spéciale avec le Nemo, le centre permanent d'éducation, situé à Amsterdam, qui initie les jeunes de manière ludique au monde de la science et de la technologie – et nous avons, là aussi, trouvé des sponsors. Notre projet était devenu une entreprise. Je me sentais sur mon propre terrain. Nous avons imaginé un nom, l'expédition Travel Kids. Et puisqu'un tour-opérateur néerlandais utilisait ce nom dans sa communication, nous nous sommes rapprochés d'eux. En trois mois, nous avions créé notre petite entreprise, notre voyage autour du monde, baptisée Travel Kids Expedition.

« Moi aussi, si j'étais plein aux as, je serais capable de faire ça. » Encore un prétexte classique pour ne pas partir. Trois semaines au Costa Rica, à cinq, coûtent environ 4 000 €. Par personne ? Non, pour tout le groupe. Plus vous voulez connaître un pays, plus vous vous rapprochez des gens, moins le voyage est onéreux. Un billet pour un tour du monde, en comptant tous les vols : environ 2 000 € par personne. Nous sommes d'accord, ce n'est pas rien. Mais voyez le prix d'une nouvelle cuisine. Il y a déjà là de quoi faire un beau voyage. Retardez le remplacement de votre voiture, et hop, vous êtes partis. Le problème n'est pas vraiment financier. Bien évidemment, tout le monde ne peut pas se permettre ce voyage, mais de là à dire qu'il s'agit d'un luxe outrageusement extravagant, il y a un pas. Évitez les hôtels haut de gamme : ils sont évidemment hors de et vous empêchent de goûter au véritable caractère des pays que vous traversez. D'ailleurs, tous ces hôtels se ressemblent : superbes et absolument pas représentatifs du monde.

Le plus difficile, c'est de donner sa démission. Qu'allons-nous faire au retour ? Eh bien, on commencera autre chose, de plus amusant. De toute façon, ça fait un moment que vous rêvez de quitter cet emploi qui ne vous amuse plus. C'est ce sentiment de sécurité, ce fallacieux sentiment de sécurité, qui vous retient.

Nous sommes revenus de voyage, et nous faisons de nouveau des choses intéressantes. Nous avons retrouvé du travail, dans un environnement plus agréable. Nos revenus ont augmenté. Nous avons vécu avec les enfants une expérience absolument inoubliable. Connaissez-vous beaucoup de familles qui ont passé six mois ensemble jour et nuit ? 24 heures sur 24 ? À tout faire ensemble ? Pendant le voyage, mon père est décédé. Cela m'a appris à goûter davantage encore chaque jour qui passe. Tant de gens planifient, prévoient des choses fantastiques pour plus tard. Nous, nous avons eu ce cadeau, ces six mois passés ensemble et cela continue à déterminer nos vies aujourd'hui. Les enfants ont changé, sans même s'en rendre compte. C'est bien.

J'ai observé que notre tour du monde inspire beaucoup de gens. J'ai d'abord cru que cela les inspirait à partir également en voyage. En réalité, cela les inspire à faire ce qu'ils ont envie de faire. Cela les inspire à s'inspirer eux-mêmes. Pas mal, non ?

Comment manier l'inspiration dans votre entreprise ? Un peu comme pour un tour du monde. Avant tout : l'essentiel, c'est l'inspiration. J'ai du mal à m'imaginer un manager incapable de susciter l'inspiration. À quoi sert-il alors ? À gérer ? Qu'est-ce que cela veut dire ? À faire en sorte de respecter l'ensemble des procédures ? Non. Gérer, c'est assurer à l'entreprise de l'énergie en suffisance, dans la durée. Les managers ont pour rôle d'inspirer leurs collaborateurs à réaliser des prestations exceptionnelles. D'aider leurs collaborateurs à se dépasser. C'est ainsi que l'on construit des entreprises qui inspirent. D'abord les collaborateurs, puis les clients. Car il faut une entreprise énergique et inspirée pour inspirer les clients. N'est-ce pas là ce que vous cherchez en fin de compte ?

L'organisation de notre tour du monde n'était pas classique : l'action a précédé la réflexion. Cela donne beaucoup plus d'énergie que si vous commencez par réfléchir à mort sur un projet. Dans la plupart des entreprises, on a déjà tellement pensé qu'il est grand temps d'agir. Agir inspire davantage que réfléchir.

Conseil I1 : « Où puisez-vous votre inspiration ? » Question primordiale. L'idée même de notre tour du monde suffisait à nous inspirer. Mais l'action, le fait de planifier et de préparer ce voyage, bien davantage encore.

Conseil I2 : « Quand vous avez trouvé la source de votre inspiration, passez à l'action. » L'inspiration commence par vous-même, que vous soyez un manager ou non.

Êtes-vous important ?

Ma fille m'a un jour demandé à quoi on reconnaissait les gens vraiment importants. Étaient-ce des gens qui avaient beaucoup d'argent ? Ou des gens qui dirigeaient un pays ? Cette question paraît anodine. Mais si je vous en parle, c'est que pendant notre tour du monde, nous avons visité plusieurs projets où des bénévoles venaient en aide à des enfants pauvres. Comme ce projet de scolarisation des enfants des rues, en Équateur, ou ce projet d'école maternelle au Pérou. Très haut dans les montagnes, loin de tous et de tout. Ces enfants n'avaient rien, absolument rien. Ni parents, ni vêtements, ni nourriture. Ni amour. Nos enfants l'ont immédiatement remarqué et ça les a profondément marqués. « Regarde, ces enfants marchent pieds nus. »

Au Pérou, nous avons eu droit à une visite guidée dans les Andes, à environ 4 500 m d'altitude. Notre guide était le responsable d'un grand projet d'enseignement maternel et primaire, il nous a montré les écoles qu'ils avaient aménagées. Cela faisait plusieurs années qu'il travaillait avec ces enfants, tellement éloignés des pouvoirs publics (de la capitale, Lima), qu'ils avaient été oubliés. Littéralement oubliés ! Quelle extraordinaire journée. Voilà un homme important. Walter. Sans Walter, pas d'enseignement. Et pas d'avenir. Pour des milliers de jeunes enfants, cet homme est extrêmement important. Vital. Extraordinairement inspirant aussi, cet homme qui met sa propre prospérité en berne pour assurer le bien-être de ces milliers d'enfants. Si vous cherchez des hommes et des femmes inspirants, inutile de vous arrêter aux célébrités et aux gens de pouvoir. Des personnalités inspirantes, on en trouve à tous les niveaux. Des gens dont la passion apporte réellement quelque chose à notre monde. Ça, c'est inspirant.

La plupart des gens trouvent leur énergie dans l'accomplissement de leurs rêves et de leurs ambitions. Tout être est mû par une énergie qui l'anime et l'inspire de l'intérieur. En tant qu'entreprise, c'est cette énergie-là que vous recherchez. Revenons un instant sur mon conseil I1 sur les sources d'inspiration. Cherchez-les au plus près de vous. Bien sûr, vous pouvez vous laisser inspirer par des personnes ou par d'autres sources d'inspiration externes. Mais si vous trouvez l'inspiration en vous-même, vous aurez simultanément de l'énergie à disposition. Ce voyage autour du monde, j'ai toujours rêvé de le faire. Prendre ce rêve à bras-le-corps et le mettre à exécution est une source naturelle d'énergie. Ou bien : j'ai toujours rêvé d'organiser des randonnées. Me lancer, créer des dépliants et vendre ces randonnées donne énormément d'énergie. Est-ce que cette énergie, c'est la même chose que l'inspiration ? Probablement. C'est en tout cas la même énergie que celle que l'on ressent lorsque quelque chose vous inspire de l'extérieur. Sauf que cette fois, ça vient de vous-même. Et lorsque c'est l'inspiration qui vous porte au travail, cette énergie rayonne en vous et sur votre entourage. C'est exactement comme cela que s'est passé mon tour du monde.

Dans l'entreprise, si vous voulez passer directement à l'action (conseil I2), voici une suggestion. Tout le monde a des rêves et des ambitions. Un peu oubliés parfois, un peu poussiéreux, mais toujours présents. Ces ambitions peuvent être plus ou moins audacieuses, de « Un jour dans ma vie, je veux réussir un gâteau au chocolat » à « Je veux devenir président de la République ». Puisque vous savez que tout le monde a des rêves et des ambitions, proposez à vos collaborateurs de les décrire. De les raconter. Préparez un texte où seront décrits les rêves et les ambitions de chaque collaborateur. Engagez un journaliste et demandez-lui d'interviewer chaque collaborateur sur le thème de ses idées et de ses ambitions. En bref : faites l'inventaire de tous ces rêves. Mettez-les en commun. Que va-t-il se passer ? Tout le monde aime parler de ses rêves. Cela donne de l'énergie, même s'ils n'ont rien à voir avec le travail. De même, la plupart des gens aiment entendre des histoires qui les inspirent.

Chaque année, aux Pays-Bas, est organisée la conférence PINC : People, Inspiration, Nature and Creativity. Pendant toute une journée, des orateurs s'y succèdent pour venir raconter leur histoire. Des histoires de rêve et d'ambition. À la fin de la journée, les participants repartent gonflés à bloc. Quand je pense à toutes ces conférences auxquelles on assiste et où on se demande après une demi-heure ce qu'on fait là…

Revenons à l'inspiration. Voici mon conseil I3 : « Faites l'inventaire de tous les rêves et de toutes les ambitions qui vivent dans votre entreprise et parlez-en. » Vous l'aurez compris, ce n'est qu'une première étape. L'étape suivante consistera à étudier tous ces rêves et ces ambitions pour leur donner encore plus d'impact sur l'entreprise. En fait, rien que d'en faire l'inventaire et d'en parler dégagera déjà de l'énergie. Mais allons plus loin avec mon conseil I4 : « Rassemblez tous les rêves et toutes les ambitions qui ont un lien avec le travail et réalisez-les. » Qu'êtes-vous en train de faire ? Vous puisez l'énergie au cœur même de vos collaborateurs, dans l'inspiration qui les habite. Ensuite, vous les autorisez à en faire quelque chose dans leur environnement de travail. Attendez-vous à voir des étincelles ! Vous allez rediriger toute l'inspiration qu'ils ont en eux tout droit sur l'entreprise. Vous allez drainer une énergie énorme, inemployée jusque-là.

Inspirez-vous vous-même

Vous avez déjà fait deux choses. Mes conseils I1 et I2 portent sur vous-même. *Energize Yourself* – suscitez votre propre énergie. C'est la base. Dans les conseils I3 et I4, vous allez faire de même, mais au niveau de l'entreprise. Rassemblez toutes les sources d'énergie, fédérez-les avant d'y puiser. Comme vous le voyez, il n'a pas encore été question d'aller chercher l'inspiration à l'extérieur. Uniquement l'inspiration interne. Franchement, ça revient beaucoup moins cher que d'engager à prix d'or des gourous qui tenteraient de vous inspirer de l'extérieur. Faites-le vous-même !

Je vais un jour développer un programme pour donner une forme plus permanente à mon conseil I4. Non pas celle d'une boîte à idées, qui ne servirait qu'à recevoir des idées qui seront évaluées par d'autres personnes que leurs auteurs. Non, il faut laisser aux gens l'occasion de se lancer. Prévoyez du temps. Donnez à vos collaborateurs l'occasion de présenter leurs rêves et leurs ambitions et donnez-leur la liberté de réaliser leurs ambitions qui sont compatibles avec l'entreprise. Chez Google, ce programme s'appelle *Pursue Your Dreams*. L'inspiration, la source d'énergie indispensable pour réaliser de grandes choses. Si, par malheur, vous êtes un de ces managers incapables d'inspirer les autres, je vous recommande d'utiliser ce programme. Parce qu'il a l'avantage de permettre aux gens de s'inspirer eux-mêmes.

I1	**Où puisez-vous votre inspiration ?**
I2	**Dès que vous savez d'où provient votre inspiration, vous devez immédiatement la convertir en actions.**
I3	**Faites l'inventaire de tous les rêves et de toutes les ambitions qui vivent dans votre entreprise et parlez-en.**
I4	**Rassemblez tous les rêves et toutes les ambitions qui ont un lien avec le travail et réalisez-les.**

ET MERCI !

Comment en arrive-t-on un jour à vouloir coucher sur papier ses réflexions sur la créativité, l'entrepreneuriat, le pétillement et l'inspiration ? D'où viennent toutes ces idées ? De combien de conversations et de lectures ? Cela en fait du monde à remercier.

À la fin de mes études secondaires, mes parents m'ont envoyé séjourner un an aux États-Unis. Pour m'aider à gagner en autonomie en m'arrachant au milieu protégé dans lequel j'avais grandi. Cette année, que j'ai vécue, seul dans cet énorme pays d'entrepreneurs, a été déterminante pour la suite de ma vie. Toutes mes réflexions sur l'entrepreneuriat, la prise de risque et la création proviennent, pour l'essentiel, des États-Unis.

Pendant la phase d'écriture de ce livre, et à l'exact opposé de tout ce que je décris ici sur l'importance de savourer l'instant, j'ai scandaleusement négligé mon épouse et mes enfants. C'est que… outre l'écriture, j'avais aussi quelques entreprises à diriger. Mais si, pendant cette période, je n'ai pas pu consacrer à ma famille autant de temps que je le voulais, mon processus d'écriture a eu sur la famille Zevenbergen des effets secondaires positifs, en particulier chez les enfants. Assez rapidement, l'aîné, puis le cadet, puis la benjamine se sont mis à écrire, avec grand enthousiasme. Depuis lors, plusieurs dizaines de cahiers et de livres ont vu le jour. La créativité s'exprime lorsqu'elle est stimulée par l'exemple.

Pour m'aider à mieux ordonner mes pensées, plusieurs personnes ont joint leurs réflexions aux miennes. Certains ont même coécrit certains passages. L'apport de Peter Weijland, l'une des têtes pensantes de la société Escador, a été absolument essentiel puisque, en plus de participer à la relecture et à l'écriture, il a aussi participé à la mise en forme graphique de ce livre. Je l'en remercie chaleureusement. J'ai également pu compter sur l'aide active de Theo van den Brink et de mon excellent ami Alfred Schmits.

Dirk Jasper, l'un des entrepreneurs les plus optimistes que je connaisse, et également un très bon ami, m'a accompagné de son enthousiasme dès la première minute. Il a immédiatement mis au travail plusieurs personnes (et en particulier Marcel, Katja, Frans, Peter, Hans et Maarten) pour donner à ce livre un rayonnement tout en pétillement et en inspiration. À tous, j'adresse mes sincères remerciements. Et plus particulièrement, merci, Dirk, pour l'énergie et la force d'âme que tu as mises au service de la production de ce livre.

De mes textes, livrés relativement bruts de décoffrage, Bram Donkers a su extraire un ouvrage lisible, cohérent et saturé d'énergie. Quel travail !

Pour la version française de mon livre, j'ai également une dette de gratitude envers Joost Verhagen. En véritable entrepreneur, Joost a travaillé très dur pour donner vie à cette version. Son travail en est la preuve : il faut saisir les occasions lorsqu'elles se présentent, puis foncer ! Tout est possible, Joost l'a démontré.

Quel extraordinaire cadeau que de pouvoir bénéficier de la présence de toutes ces personnes autour de moi. Croyez-moi, je le savoure !

BIBLIOGRAPHIE

1. *The Business of Innovation,*
   Roger Bean, Russell Radford, AMACOM, 2001.
2. *Authentiek leiderschap,*
   Johan Bontje, Jan Willem Kirpestijn, Willem Vreeswijk, Utrecht, 2005.
3. *Finite and Infinite Games: A Vision of Life as play and Possibilities,*
   James P. Carse, Ballantine Books, USA, 1987.
4. *The Innovator's Dilemma,*
   Clayton M. Christensen, Harvard Business School Press, USA, 1997.
5. *La Créativité : psychologie de la découverte et de l'invention,*
   Mihaly Csikszentmihalyi, tr. Claude-Christine Farny, Paris, Robert Laffont, 2006.
6. *Mieux vivre en maîtrisant votre énergie psychique,*
   Mihaly Csikszentmihalyi, tr. Claude-Christine Farny, Paris, Robert Laffont, 2005.
7. *Vivre : la psychologie du bonheur,*
   de Mihaly Csikszentmihalyi, tr. Léandre Bouffard, Paris, Robert Laffont, 2004.
8. *La 8e Habitude,*
   Stephen Covey, Paris, First, 2006.
9. *Inspiration, l'appel de votre vie,*
   Wayne W. Dyer, Patrice Nadeau, Canada, Ada, 2006.
10. *The Rise of the Creative Class,*
    Richard Florida, The Perseus Books Group, USA, 2004.
11. *The Living Company,*
    Arie de Geus, Nicholas Brealey Publishing, UK, 1999.
12. *The Birth of the Chaordic Age,*
    Dee Hock, Berrett-Koehler Publisher's, USA, 1999.
13. *Éloge de la lenteur. Et si nous ralentissions ?,*
    Carl Honoré, Paris, Marabout, 2007.

14. *The Play Ethic,*
Pat Kane, Pan Macmillan, UK, 2004.
15. *The World Café,*
David Isaacs, Juanita Brown, UK, 2005.
16. *The Dream Society,*
Rolf Jensen, USA, 2001.
17. *La Face cachée du leadership,*
Manfred Kets de Vries, tr. Laurence Nicolaïeff, Paris, Village mondial, 2005.
18. *Visions, comment la science va révolutionner le* XXIe *siècle,*
Michio Kaku, Paris, Albin Michel, 1999.
19. *Organiser la créativité : L'Esprit du jazz,*
John Kao, Paris, Village mondial, 2000.
20. *Fish ! Tales. Des histoires vraies pour transformer votre vie privée et professionnelle,*
Stephen C. Lundin, Harry Paul, John Christensen, Paris, Michel Lafon, 2003.
21. *Science et champ akashique,*
Ervin Laszlo, Québec, Ariane, 2005.
22. *Evolutionair Leiderschap,*
Peter Merry, Gottmer Uitgevers Groep bv, Haarlem, 2006.
23. *Presence, Exploring Profound Change in People,*
Peter Senge, Joseph Jaworski, C. Otto Scharmer, Betty Sue Flowers, Organizations and Society, Nicholas Brealey Publishing, UK, 2005.
24. *Nouvelle Terre. L'avènement de la conscience humaine,*
Eckhart Tolle, tr. Annie Ollivier, Québec, Ariane, 2005.
25. *Managing to Have Fun,*
Matt Weinstein, Simon & Schuster Books, USA, 1997.
26. *iCon, Steve Jobs, the Greatest Second Act in the History of Business,* Jeffrey S. Young, USA, 2005.
27. *Create your Future,*
Leen Zevenbergen, RCC Apeldoorn, 1996.

Mise en page :
Jasper & Co - Marcel Boshuizen, Katja Kamphoff, Frans Mooren, Peter Schlumpf, Hans Felix, Maarten Uilenbroek, Dirk Jasper

Contributions :
Theo van den Brink, Alfred Schmits, Peter Weijland

Achevé d'imprimer
en avril 2010
par Chevalier International, Pays-Bas

Crédits photographiques :

Cover Dirk Jasper, pages 6 through 11 StockXchange - Brandon Blinkenberg, Tijmen van Dobbenburgh, Sergio Ianni, pages 16 through 21 StockXchange - Ole Jorgen Bratland & Gisele Jaquenod, Code Ced, page 22 Maarten Uilenbroek, page 24 StockXchange - Peter Hellebrand, pages 27 through 31 Dirk Jasper, pages 32 through 35 StockXchange - John Philip, Nelson Syozi, pages 37 through 41 StockXchange - Simon Cataudo, Sal B., Pawel Tomkiewicz, pages 42 through 49 StockXchange - Ana Schaeffer, pages 50 through 55 Maarten Uilenbroek model:Teddy Rukspin, pages 60 through 64 Bungee Jump New Zealand model: Jeroen Verkuyl, page 66 Dirk Jasper models: Puck Zevenbergen & Sam Jasper, pages 67 through 69 StockXchange - Juliane Zielonka, pages 70 through 73 Dirk Jasper, pages 74 through 80 StockXchange - Peter Zelei, pages 82 through 87 StockXchange - Matthew Maaskant, pages 88 through 94 Marcel Boshuizen, page 100 Pics United, pages 104, 107 StockXchange - Christophe Libert, pages 110, 113 Studio Daniel Libeskind, page 116 StockXchange - Nick Lobeck, Hugo Humberto Placido da Silva, pages 120, 123 StockXchange - Gabriella Fabri, pages 124 through 128 Corel Professional Photos, page130 Dirk Jasper models: Mr.and Mrs.Colijn, page 134 Dirk Jasper, pages 138, 139 Marcel Boshuizen, pages 144, 146, 149 Dirk Jasper Interior Office Van Veelen de Hoop, pages 150, 152, 154 StockXchange - Sanja Gjenero, page 156 StockXchange - Joanna Margueritte, pages 157 through 159 Corel Professional Photos, pages 161, 163 StockXchange - Mark Miller, Arjan Boer, page 166 Corel Professional Photos, page 170 StockXchange - Nico van Geldere, page 176 StockXchange - Geoffroy Magnan, pages 180 through 185 i-Stock